震災復興

後藤新平の120日

都市は市民がつくるもの

後藤新平研究会＝編著

後藤新平
GOTO SHIMPEI
の全仕事

藤原書店

関東大震災と東日本大震災——序にかえて

二〇一一年三月一一日午後二時四六分、東日本大震災発生。今、この未曾有の惨禍が日本を揺るがしている。マグニチュード9の巨大地震と大津波は、岩手・宮城・福島各県を中心に南北六〇〇キロメートルにわたる地方市町村に甚大な被害をもたらした。さらに福島原発事故による広域の放射能汚染という、かつてない不気味な災厄が生命を脅かしており、未だに収束の目処が立っていない。

この東日本大震災の発生以後、幾度となく歴史から呼び戻されている人物がいる。八八年前に、関東大震災からの復興事業に果敢に挑んだ、後藤新平（一八五七—一九二九）である。一九二三年九月一日に発生した関東大震災は、国の中枢である首都東京と横浜を中心に南関東を襲った地震と大火が、一〇万人以上の膨大な人命を奪い、家屋・インフラを破壊した大災害である。それは、江戸の遺構の上に、ほとんど無秩序に積み上げられ膨張してきた中枢都市を一掃するものであった。

折しも八月二四日の加藤友三郎首相の死により前内閣が総辞職、政権空白期にあったなかで、大震災に遭遇した後藤は、九月二日、山本権兵衛内閣の内務大臣に就任、情報も混乱し体制も整わぬ状況下で、矢継ぎ早に緊急対策を打ち出す。未曾有の危機のなかで臨機応変に対策を実行していくさまは、まさに後藤の面目躍如たるものであった。

もちろん緊急対策のみに追われていたわけではない。早くも九月六日には「帝都復興の議」を閣議に提出し、「復旧」ではなく「復興」を、と訴えた。単に東京を元通りに修復（復旧）するのではなく、焦土の上に、近代日本にふさわしい世界に誇れる首都を新たに建設すること――それが、後藤の目指した「復興」であった。復興計画を策定するには、徒手空拳では立ちゆかない。復興にかかわるあらゆる問題点を洗い出すために、後藤は「臨時帝都復興調査会」という調査機関の必要性を指摘し、その調査のうえに復興計画を立案・推進する「復興省」の創設を主張した。残念ながら、本書で示すように、「臨時帝都復興調査会」は「帝都復興審議会」に、「復興省」は「復興院」に格下げされるが、ともあれ内相後藤は、自らの提唱から生まれた帝都復興院の総裁を兼任することとなる。震災発生から約四週間、九月二七日のことであった。

後藤新平の描いた復興計画は、さまざまな既得権益や政治的思惑との衝突を経て、予算規模としても大幅に縮小され、後藤の理想像には程遠いものとなっていった。あまつさえ後藤自身もその政争のなかに巻き込まれて、あらぬ批判を浴びせられることとなる。国家を荷う政治家たちが、目前の政争に明け暮れる姿には、関東大震災と東日本大震災とが二重写しとなっている。

実は後藤新平は、そのような不毛な政争を見越したかのように、自ら生み出した帝都復興院が動き出した日に、おのれの政治的スタンスを述べた「大乗政治論」という文章を記している。冒頭に「国家は一人のための国家ではなく政府は一人のための政府ではない。したがって、責任を国家に負うものは必ず無私の心で奉仕し、常に国民とともに、国民のために貢献しようと目指さなければならない……」とある。

政党政治すなわち多数政党が、おのれの党だけの内閣を造る政治の在り方を批判し、多数党であれ、少数党であれ、あるいは党派に属さない者たちであれ、それぞれの代表者によって国民的内閣を作り、「大乗の精神」をもって政治を行うべきだとした。大乗とは利他ということだが、後藤の言葉で言えば、それは政治家の「自治」のことであって、(一) 他の恩義を蒙らず、(二) 常に他に対して何ものかを寄与するように務め、(三) そうして何らの報酬を求めないという、「自治三訣」(人のお世話にならぬよう／人のお世話をするよう／そしてむくいを求めぬよう) を眼目とすることだ。

このような立場を貫いて、政争の渦中にありながらも、逆風をついて、後藤は復興の道筋をつけていった。組閣から四か月に満たない一二月二七日、天皇に代わって国務を総覧する摂政宮 (後の昭和天皇) が狙撃された。この虎ノ門事件により山本内閣は総辞職、後藤もようやく端緒についたばかりの帝都復興事業の現場を去ることを余儀なくされる。以後、後藤は在野にあって復興を支援し続けた。

ところが今、東日本大震災という未曾有の災害を前にしても、国家を担うべき政治家たちの政争は激化している。罹災者の救援、復旧さえ目途が立っていない。ましてや「復興」への展望は見えていない。平成の「後藤新平」を求める声はますます高まっている。

関東大震災と東日本大震災とのあいだには、さまざまな違いがある。首都か地方か、火災か津波か、被災地域の広さ、そしてもちろん時代が異なることによる条件の違いは無視できない。加えて、何よりも大きな違いをもたらしているのは、原発事故とそれに伴う放射能汚染である。

放射性物質は、その半減期の長さによって、じわじわと時間をかけて人体や生態系を蝕む。のみならず、たとえ原子炉を廃炉にしたとしても、それを無害な状態にいたらせるまでに想像を絶する膨大なコストと長い時間を費やさねばならないことは、チェルノブイリの事例などが示している。そういう、ほとんど解決不能のエネルギー源を、人類は電力源としてかかえこんでしまった。

そもそも、明治から昭和にかけて近代化という課題を背負った日本において、産業を発展させるために、自然を利用した新たな電力源として、「水力」を普及させたのは、後藤新平であった。しかし戦後、新たな電力源として「原発」が導入された。それは高度経済成長と効率至上主義の社会を支えてゆく基盤となった。国をあげて、原発安全神話とクリーンエネルギー論が喧伝された。

好むと好まざるとにかかわらず、そうした社会を受け入れ、そのうえで生活を営んできた我々を直撃したのが、東日本大震災であった。

東日本大震災は、直接の死者・行方不明者のみならず、多くの避難民を生み出した。完全に生活の基盤を破壊された罹災者たちにとって、何よりもその生活の「復旧」が優先されなければならない。

それと同時に、東日本大震災を真に乗り越えていくために、既存の社会を問い直し、ひとりひとりの「自治」に基づくまちづくりこそが、現代において求めるべき「復興」の姿だろう。

＊　＊　＊

本書は、関東大震災発生から山本内閣総辞職にいたる四カ月間の、帝都復興に邁進した後藤新平の姿を、多数の資料や証言に基づいて構成したドキュメントである。そこには、非常事態に直面して、限られた条件のなかで最善の策を最短で編み出していく、「政治」の原点のありようが現れているはずだ。

そして、表層的な政争に足を取られつつも、時代にふさわしい「復興」の実現に向けて全身全霊を賭けた後藤新平の姿は、未曾有の震災を経た現代の読者にとって、新しい時代を考えるための手がかりとなるものと確信している。

二〇一一年七月

東日本大震災から四カ月を経過して

後藤新平研究会

震災復興　後藤新平の120日／目　次

II 資　料――都市の復興と自治の精神 141

装丁・作間順子

震災復興

後藤新平の120日——都市は市民がつくるもの

後藤新平（ごとう・しんぺい／1857–1929）

水沢藩（現・岩手県奥州市）の武家に生まれる。藩校で学ぶうち，赴任してきた名知事・安場保和に見出される。福島の須賀川医学校で医学を学び，76年，愛知県病院に赴任。81年には弱冠24歳で同病院長兼愛知医学校長に。板垣退助の岐阜遭難事件に駆けつけ名を馳せる。83年内務省衛生局技師，ドイツ留学後同局長。相馬事件に連座したため衛生局を辞すも，陸軍検疫部にて日清戦争帰還兵の検疫に驚異的手腕を発揮し，衛生局長に復す。98年，総督児玉源太郎のもと台湾民政局長（後に民政長官）に抜擢され，足かけ9年にわたり台湾近代化に努める。1906年，児玉の遺志を継いで満鉄初代総裁に就任，2年に満たない在任中に，満洲経営の基礎を築く。07年、厳島で伊藤博文に新旧大陸対峙論を語る。08年より第二次・第三次桂太郎内閣の逓相。鉄道院総裁・拓殖局副総裁を兼ねた。16年，寺内正毅内閣の内相，ついで外相としてシベリア出兵を主張。20年，東京市長となり腐敗した市政の刷新を唱導。また都市計画の発想に立ち，首都東京の青写真を描く（東京改造8億円計画）。在任中の23年にはソ連極東代表のヨッフェを私的に招聘し，日ソ国交回復に尽力する。

1923年の関東大震災直後，第二次山本権兵衛内閣の内相兼帝都復興院総裁となり，大規模な復興計画を立案。政界引退後も，東京放送局（現ＮＨＫ）初代総裁，少年団（ボーイスカウト）総長を歴任，普通選挙制度の導入を受けて、在野の立場から「政治の倫理化」を訴え，全国を遊説した。また最晩年には，二度の脳溢血発作をおして厳寒のソ連を訪問，日ソ友好のためスターリンと会談した。

1929年，遊説に向かう途上の汽車のなかで三度目の発作に倒れる。京都で死去。

I

後藤新平・帝都復興一二〇日の軌跡

——証言と記録から構成したドキュメント——

はじめに

★**鶴見祐輔**（1885-1973）岡山出身。著述家、政治家。鉄道院を経て、後藤の女婿となり後藤の秘書通訳を務め、新渡戸稲造らと日米の橋渡しに尽力。後藤の死後、伝記編纂会が収集した資料をもとに、正伝たる『後藤新平』を作成する。

後藤新平ほど時代状況の変化によって呼びもどされる人物も稀であろう。このたびの東日本大震災という惨禍の中で、後藤新平は「震災復興」というキーワードとともに回想され、あるいはその事績が言及されることになった。

しばしば後藤は、「近代日本の都市計画の父」とか、「東京をつくった男」と称される。その理由は、後藤が帝都復興院総裁として、関東大震災で壊滅した東京の復興に力を尽くしたことにある。しかし、後藤が総裁として復興事業の先頭に立ったのは、山本権兵衛（やまもとごんべえ）（→19頁）内閣の存続したわずか四か月足らず、一二〇日という短い期間であった。また、雄大と賞賛され、あるいは「大風呂敷」と揶揄された後藤の初期の帝都復興プランは、政治状況の中で、当初の規模から次々と縮小されて行った。

にもかかわらず、帝都復興事業は七年の歳月をかけて相当の成果を残すこととなった。後藤がこの事業にかかわらなかったら東京の姿はどうなっていたか。震災復興や都市計画の歴史を少し紐解くだけでも、後藤新平の存在感は非常に大きい。

では、後藤の残した遺産とはなにか。

本書では、震災復興事業にいたる一二〇日間の後藤新平の活動の軌跡を辿る。鶴見祐輔（→15頁）著・一海知義校訂『正伝 後藤新平』（全八巻別巻一、藤原書店）を軸とし、後藤の直近にいた人物の証言と震災復興の記録によって「後藤新平とはなにか」という像の再構成を試みる。

プロローグ

第二次山本権兵衛内閣の成立

九月一日

九月一日午前一一時五八分四四秒 関東大震災発生

大正十二（一九二三）年九月一日午前一一時五八分四四秒。

けたたましい音とともに、大地は大波のように揺れはじめた。家も樹木も、怒涛を浴びた船のように震動した。

「地震だ！」

人々は取る物も取りあえず、戸外に飛び出した。しかしその刹那には、誰一人としてそれが古今未曽有の大地震であったろうと気付いたものはなかった。

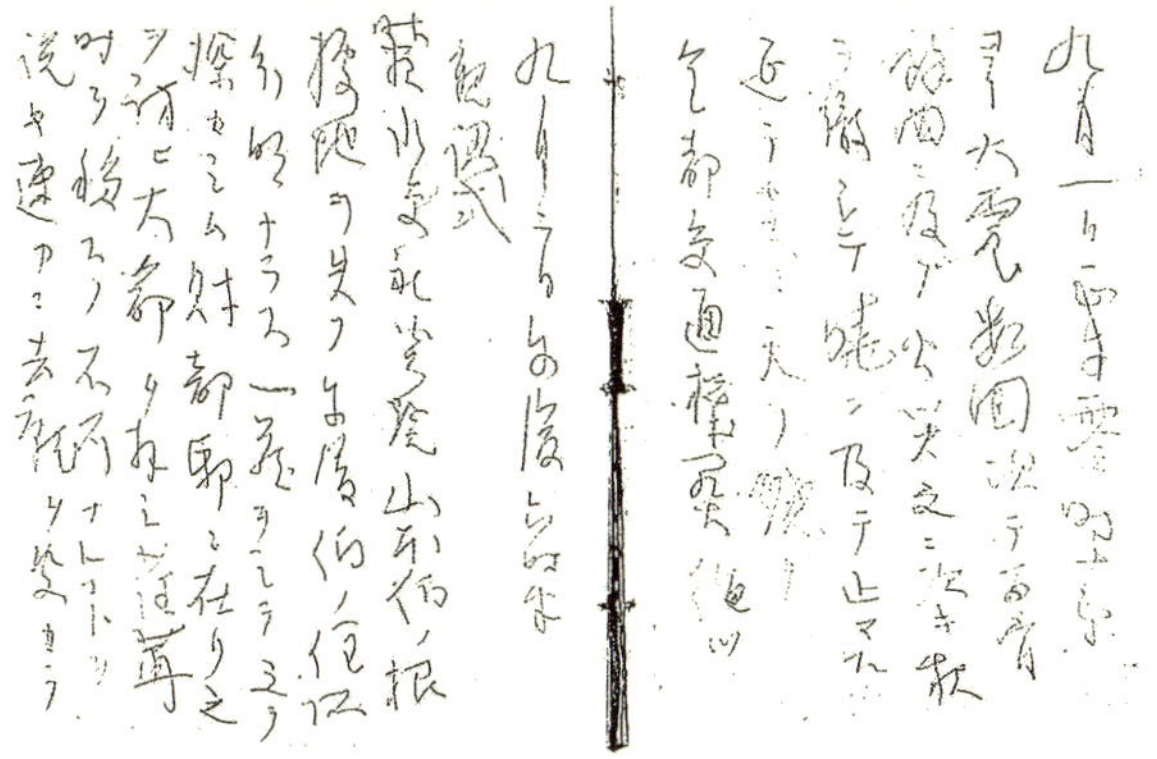

▶**後藤新平手記（震災当日）**
後藤新平記念館所蔵

否、その夜を過ぎてもなお、人々はこれがあのような大惨害であったなどとは思っても見なかった。

その日の午後には、はや東京市内七十余カ所から火災が起こって、帝都の大半は炎々たる火焔に包まれていた。そうしてその焼けしきる劫火の中を、家を失った百余万の人々が、狂気のごとく、揺れる大地の上を右往左往に逃げ惑っていた。

火の海、煙の渦、人の叫喚。

一切の形容を絶するような凄惨な光景であった。

それが関東大震火災である。

東京、神奈川、千葉、埼玉、静岡、山梨、茨城の一府六県にわたり、家屋の全焼三八万一〇九〇、半焼五一九、全潰八万三八一九、半潰九万一二三三、流失一三九〇、破損一三万六五七二。しかしてこの罹災者の総数は、三四〇万四八九八人。そのうち死者九万一三四四、行方不明一万三二七五、重傷一万六五一四、軽傷三万五五六〇。これら被害者の合計一五万六六九三人であった。

日本帝国の政治的、文化的ならびに経済的中心である東京は、その大半を奪い去られて、中枢神経を襲われたる急病人のごとく、国家としての機能が卒然

★加藤友三郎（1861-1923）
広島出身。海軍軍人政治家。日露戦争で東郷司令官を補佐。海相を歴任。首相となり後藤・ヨッフェの日ソ予備交渉を支援。大震災直前病死。

★内田康哉（1865-1936）
熊本出身。外交官。大震災時、内閣総理大臣臨時代理として戒厳令など発令。斎藤内閣外相時、満洲国建設を承認、国際連盟脱退を推進。

として麻痺した。

天変地異が一大民族の生命を脅かしたること、かくのごとく深刻であったことは、いまだかつて見ざるところであった。

伯はこのとき、どこにいた。

伯はこのとき、何をしていた。(1)

「伯」すなわち後藤新平はこの大地震の瞬間、桜田町の自邸で山本内閣組織の形勢をじっと見守っていた。一九二三（大正十二）年八月二四日、時の首相加藤友三郎が亡くなり、外相の内田康哉が臨時に内閣の首相を務めていた。二八日には海軍大将の山本権兵衛に次期内閣を組織するよう「大命」が降下したのだが、組閣は難航し、新内閣はまだ発足していなかった。

この状況のもとで、内田臨時首相、水野錬太郎（→29頁）内務大臣ら内閣の閣僚は首相官邸の植込みの中で閣議を開いた。臨時震災救護事務局を特設し、臨時徴発令の発布、戒厳令の一部地域への適用などの応急処置を取ることとなった。(2)

この日、山本は海軍の社交クラブである築地の水交社に陣取って組閣の準備をしていた。そこへ大揺れが来てやむを得ず自宅へ帰った。翌日の九月二日の模様について、山本はこう回想している。

> 火につつまれた地震の一夜が明けると、どこからともなく流言蜚語が伝わって来た。思う人を呼びにやっても、なかなか来ないし、又情報すらない。実に気が気でなかった処へ、来たのが後藤伯爵であった。伯とは、既にそれとなく話もしてあったのであって、伯が来て、大体の様子も判った。依って自分は、これでは、完全の組織を望む訳には参らぬ。しかし、内閣は一日も曠くすべからず、二、三の人とでも一緒となって働こうというと、伯は勿論やります、というた。(3)

九月二日 後藤、山本権兵衛と会見

★山本権兵衛（1852-1933）鹿児島出身。海軍軍人政治家。海軍を陸軍から独立さす。第二次山本内閣を組織、後藤内相と共に震災復興に取組むが虎ノ門事件で総辞職。「海軍の父」と称さる。

二八日の早朝、山本と後藤はすでに会見している。しかし、日ソ国交交渉のため外相就任を希望する後藤と、山本の人事構想とは一致せず、後藤は入閣を保留していた。(4) 後藤はこう回想している。

> しかしながら九月一日の大変災は突如として帝都を震撼し、組閣中の山本伯爵の責任は不慮の天災に遭遇して俄然絶大なものとなってきた。今は尋常の場

合ではない。一刻も速やかに新内閣を組織し、上は聖明（せいめい）〔天皇の知徳〕におこたえし下は万民を安んぜしめなければならない重大危機である。……政見政策の論議相談に日を費やし、いたずらに政局の動揺を傍観するようなことは臣子の分ではない。よって予は九月二日山本伯爵との会見により、即時入閣の意を決し、自らの微力をかえりみる暇もなく内務大臣の重責を汚すこととなった。(5)

後藤、入閣の意を決す

後藤が山本のもとに駆けつけたのは、内閣組織の緊急性ばかりではなかった。彼の背中を押したのは「東京市民」であった。のちに、彼はこう語っている。

最初、私は復興事業については自分で当るよりほかないと決心しました。私に直接させるようにしたものは東京市民の後援であると思っております。さきに東京市長であったのはわずかな間でありますが、東京市民諸君のご厚意をいただきました以上、これに報いる途（みち）をとらざるを得ないと私に決心させたのです。この大震災に当って、努力のいかんにかかわらず、東京市民の後援を得たならば、いかなる難事であっても成し遂げ得ると考えたのです。私は内務大臣になることを八月二八日に約束していたのではありません。ただ、あの震災が

★田健治郎（1855-1930）
兵庫出身。政治家。寺内内閣逓相で後藤内相（のち外相）を支え、第二次山本内閣農商務相となる。

★井上準之助（1869-1932）
大分出身。財政家。日銀総裁などを経、第二次山本内閣蔵相として震災復興に努力。のち浜口内閣蔵相の時金解禁で空前の不況。血盟団員に射殺さる。

私に内務大臣になるようにしたのです。(6)

こうして後藤新平は山本内閣の内務大臣に就任し、以後、「帝都復興」に主導的な役割を果たすことになる。九月二日、山本や後藤の活動により、どうにか閣僚の人選が進んできた。農商務大臣兼司法大臣になった田健治郎（でんけんじろう）はこう回顧している。

九月二日に山本伯からただちに親任式を赤坂離宮に於てするから、参内の用意をして来てくれと、うんもすんもなく私の家——多摩川にある——へ迎いの自動車を寄越して来た。こうなると私もまた否応なく、あの地ゆれのする中をその自動車に乗って、赤坂離宮へ参内して見ると後藤伯も来ていた。(7)

大蔵大臣には後藤みずからが時の日銀総裁である井上準之助（いのうえじゅんのすけ）の説得に出かけた。井上はこう語っている。

閣僚の顔触れも揃わぬ所に後藤子爵が行って、こうなった以上は何が何でも内閣を組織しなければならぬ、こういうことを非常に力説されて、その足で私

★摂政宮・昭和天皇（1901-1989）
裕仁殿下。大正天皇の第一皇子。大正十年一一月二五日摂政となった。母は貞明皇后。久邇宮良子女王と結婚。生物学にご造詣が深い。

九月二日夕
山本内閣親任式

の所に二日の日に来られて、とにかく内閣を拵えなくては仕様がない、前内閣の人はそれだけの責任は負わないし、この惨状を眼の前に見て躊躇して居る場合ではない、山本伯にもそう話して賛成して居られるからということであったのです。(8)

親任式は前例のないことになった。田の回想ではこうである。

親任式は赤坂離宮では危険であるというところから、当時、摂政の宮であらせられた今上陛下〔昭和天皇〕には、離宮内の萩の茶屋に御出御あらせられて、歴史的に記録すべきところの凄壮な、電灯とてなく蝋燭の光りほの昏き下で、親任式は行われたので、このとき後藤伯はもう、帝都復興につき何か胸に期するところがあった。(9)

この「地震内閣の親任式」については油絵の写真が残っている。「山本内閣親任式の歴史的光景を永く記念するため、後日今上陛下の御思召により、和田英作（→24頁）画伯に命じて描かしめられた油絵」を写真に撮ったもので、後に鶴見祐輔

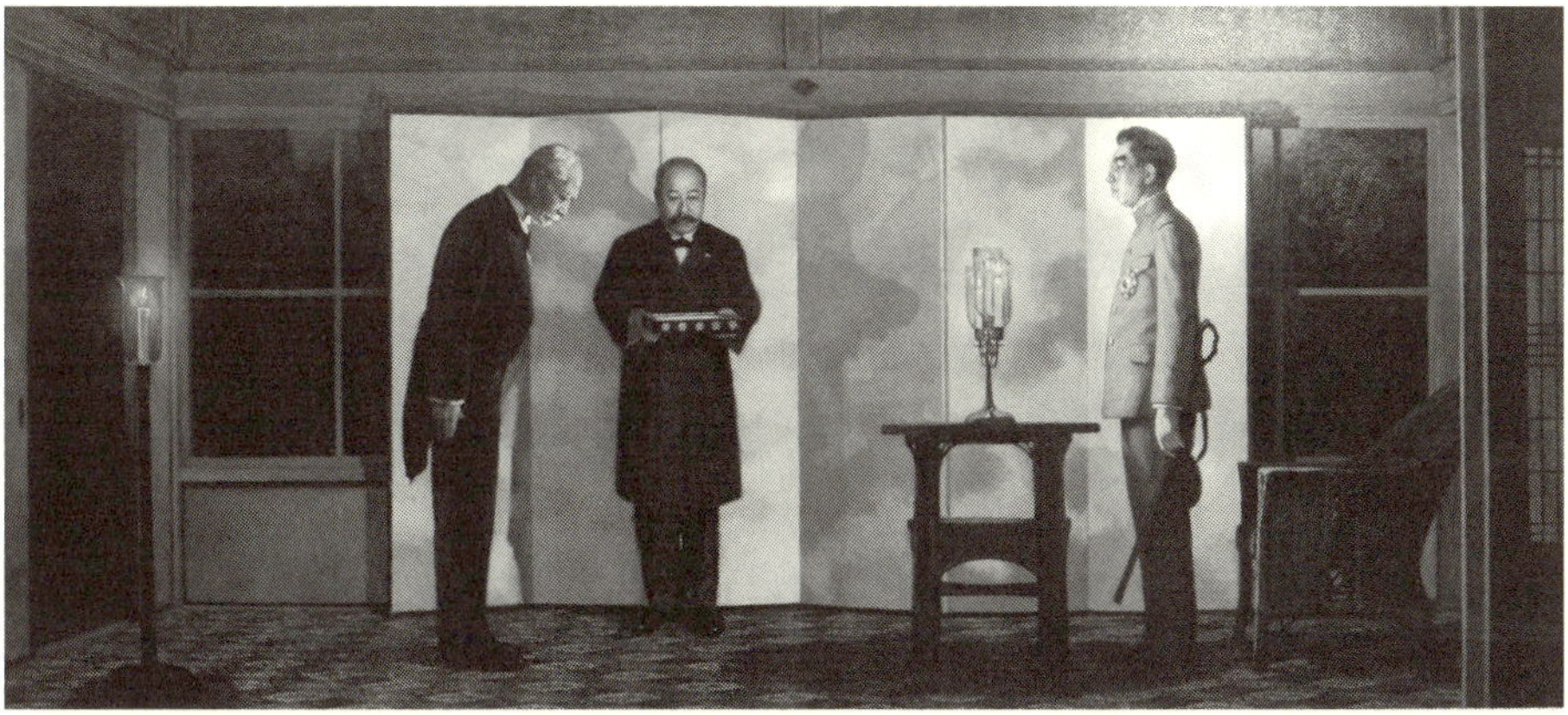

山本内閣親任式の図
1936（昭和 11）年　和田英作筆　宮内庁所蔵
下図、右から二人目が後藤新平。

★和田英作（1874-1959）
鹿児島出身。洋画家。黒田清輝に師事。仏留学後、東京美術学校教授。帝国美術院会員。帝室技芸員。文化勲章受賞。

★田中義一（1864-1929）
山口出身。陸軍軍人。在郷軍人会創立。各内閣陸相歴任。政友会総裁の時内閣を組織、後藤に日ソ漁業条約斡旋を頼み、張作霖爆死事件の食言で総辞職。

『後藤新平』第四巻に掲載された。この写真の説明によると、「昭和二年七月五日午後四時、あわただしい当時の姿そのままで、当年の閣員及び参列の人々（平田内府は薨去）が御内苑に参集し、椅子も燭台もすべて当夜のごとく配置し」、再現した写真をもとに描いたものだという。昭和天皇にとってこの夜の親任式がいかに印象深いものであったかが判る挿話である。

こうして、難産の末、左のような第二次山本内閣が成立した。

総理大臣兼外務大臣・山本権兵衛、内務大臣・後藤新平、大蔵大臣・井上準之助、陸軍大臣・田中義一、海軍大臣・財部彪、農商務大臣兼司法大臣・田健治郎、逓信大臣兼文部大臣・犬養毅（↓25頁）、鉄道大臣・山之内一次

後日、司法大臣に平沼騏一郎、文部大臣に岡野敬次郎、外務大臣に伊集院彦吉が任命された。山本首相のほか、伊集院外相、山之内鉄相、そして宮崎出身だが山本と姻戚関係にある財部海相ら、「薩派」と言われた人々が内閣の柱のひとつを構成した。高橋是清（↓25頁）政友会総裁や加藤高明（↓26頁）憲政会総裁は入閣を断り、山本内閣は政党や議会（衆議院）との連繋が乏しい、政治基盤の弱い内閣として出

★**犬養毅**（1855-1932）岡山出身。政党政治家。立憲国民党を結成。護憲運動で「憲法の神様」と称さる。第二次山本内閣逓相。のち最後の政党内閣を組織、五・一五事件で射殺さる。

★**高橋是清**（1854-1936）東京出身。財政家。日銀総裁など経、政友会総裁となり、震災復興計画を大修正。斎藤内閣蔵相の時、景気を回復さす。二・二六事件で射殺さる。

発せざるをえなかった。とはいえ、後藤、田、犬養、平沼など、首相に準ずるクラスと目された閣僚の布陣はかなりの重量感があり、国民から期待されていた。

後藤は山本内閣について次のような見方をしていた。

> 憲政が布かれて三十有余年、その形式においては早くから政党の目を有するものがなくはないとはいえ、その発達はまだ完全ではなく、国運民命の負託に耐え難い憾（うら）みがないとはいえない。……わが国の政党はいまだ健全な発育を遂げないうちに、あるものは早くも難治の疾患に罹（かか）り、またあるものは五官の機能を具備せず自主自立の能力を欠いているようにも見える。……山本内閣は、もっぱら人材を推薦して内外庶政を更新し、それによって民心を開こうとする国民の要求に応じて出現したものであり、余が同内閣の成立に満腔（まんこう）の同情を寄せる理由もまたこの趣旨に他ならない。したがってこれはいわゆる中間内閣ではない。また超然内閣でもない。真に国民内閣であろうと期した次第である。(10)

後藤はかねてから「無党派連盟」という構想を抱いていた。それは一九〇九年にドイツで設立された超党派的な政治団体「ハンザ同盟」(11)などに着想を得ていた。そ

「無党派連盟的なる国民的内閣」の誕生

内閣と政党との関係について

★加藤高明（1860-1926）愛知出身。外交官、政治家。諸内閣外相を経、第二次大隈内閣外相の時、対華二十一条要求を強行。後藤の政敵であり、のち首相となり普選法など制定。

こで山本内閣の成立を期に「無党派連盟的なる国民的内閣」を作ろうとしたのである。後藤は内閣と政党との関係について次のような文章を残している。

> 今回山本伯が大命を奉じて組織しようとする内閣は、国民の衆望に副うことで大御心を安んじ奉るものであり、単に一党一派の野望によるものである政派内閣、いわゆる我党内閣ではない。またいわゆる超然内閣でもない。さらにいわゆる中間内閣でもないことはもちろんである。ひとえに国民の衆望に副えるようにとの聖鑑〔天皇の識見〕を畏み、党籍を問わず聖慮〔天皇の配慮〕に適うと思われる人材を選定し、私を去り公に努め、それによって国事に尽瘁する無党派連盟的な有機的組織の全体を完成し、聖旨〔天皇の意見〕に報じ、国民の信頼を得ようとすることにある。したがって党派に限定したところにその基礎を求めるのではなく、広く国民に立脚地を求めているため、我党内閣と称するような世界政治字書（ママ）には見られない、たぶらかし惑わすような忌むべき不健全な文字を埋葬し去って、挙国一致の健全な国民的内閣の成立を期することは、まことに現下の国情が要求する憲政の本道である。
>
> もちろん我々は政党政派を無視するものではない。否、健全なる政党政派を

▶関東大震災救護班視察中の山本首相（右）と後藤内相（左）　後藤新平記念館所蔵

尊重する。しかしながら不健全な政党の唱えている憲政常道論とは自ずから品を異としている。単に政党の形態を存していながら、その生命活動は健全でなく、大多数党の形を存していながら国家に奉仕する力を失い、組織した内閣は辞表を呈し（内訌紛擾を生じて、恐れ多くも上には大御心を悩まし奉り下には国民に不安を抱かせながら、その罪責を他に嫁そうとして懊悩を極める）、これに次ぐ党派もまたかれに代わるべき力がなく、いたずらに政権を握ろうとあくせくし、幾多の戯言を発している状態である。……国民自身の力に立脚して新内閣を組織し、既成政党の健康回復を所期するとともに、病的有機体中の健全分子がその悪関係から脱して国事に協力させる方途を打開することが、すなわち長く党弊に苦しむわが国において無党派連盟的新現象を旋回してくる一大紀元なのである。(12)

1　「帝都復興の議」を閣議に提出　九月六日

「この〔親任式の〕とき後藤伯はもう、帝都復興につき何か胸に期するところがあっ

九月二日夜「帝都復興根本策」を練る

た」（田健治郎）、「二日の夜、親任式を終わって帰邸した伯は、ただちに奥二階日本間の一室に籠もって、しきりに想を練っていた。そうしてでき上がったのが伯の帝都復興根本策であった。遺憾ながらこの貴重なる文献の原本は、いずれにか紛失し去った。しかしその内容は火のごとく筆者〔鶴見祐輔〕の脳裏に烙きつけられている。それは次のごとき四項目であった[13]」。

一、遷都すべからず。
二、復興費に三十億円を要すべし。
三、欧米最新の都市計画を採用して、我国に相応しき新都を造営せざるべからず。
四、新都市計画実施の為めには、地主に断固たる態度を取らざるべからず。（過去に於いて地主は市の改良工事に対し衡正（ママ）〔公正〕の原則の要求するごとき犠牲を払うことなく、不当の利益を収受したり）

この「帝都復興根本策」の各要素こそは、後藤の思想のキー・コンセプトというべきである。「遷都すべからず」とは、遷都論を断固として否定しているとともに、東京が単なる一都市ではなく、日本の「首都」であることの再確認である。第三項

★**水野錬太郎**（1868-1949）東京出身。官僚政治家。内務官僚を経、寺内内閣で後藤内相の下に内務次官。加藤（友）内閣内相、清浦内閣内相兼復興院総裁。

目にも「新都」という表現がある。第二項目に「復興」の語がある。「復旧」ではなく「復興」こそ、後藤が高唱したキーワードであった。後藤は帝都復興を「ルネサンス」になぞらえている。新しい理想の首都を建設することが「帝都復興」であった。また、三〇億円という事業の規模感は、東京市長としての後藤が作成した「東京市政要綱」（いわゆる「八億円計画」）が背景にあった。

「欧米最新の都市計画」を採用し、「我国に相応しき新都を造営」するというのが、科学的調査を政治の基礎に置く後藤の真骨頂である。また、それは後述の「都市研究会」における欧米の都市計画研究と情報収集の蓄積の上に成り立っている。そして、「不当の利益」を享受した地主に対する「断固たる態度」という表現の背景には、東京市長としての経験がある。

この「根本策」について、内務大臣だった水野錬太郎はこう回想している。

　後藤さんが地震後の内務大臣になった時に、私はその前の加藤友三郎内閣の内務大臣をして居ったので色々の引継ぎをした。その時に先生が第一に私に言った詞（ことば）は「君、東京は又元の武蔵野になったね。月は草より出でて草に入るという武蔵野になった。この際に東京市は大改造をやるのだ。これが一番好い機会だ」と言われた。……他の事は言わないでそればかり言って居られた。これが復興事業であります。[14]

九月六日
「帝都復興の議」閣議に提出

さて、この「帝都復興根本策」を基礎として、九月四日に後藤は「帝都復興の議」を立案、六日の閣議に提出した。その冒頭は次のように始められている。

東京は帝国の首都であって国家政治の中心、国民文化の淵源である。[15] したがってその復興は、単に一都市の形体回復の問題ではなく実に帝国の発展、国民生活改善の基礎を形成することにある。されば今次の震災は帝都を焦土と化し、その惨害は言うに忍びないものがあるとはいえ、理想的帝都建設のために真に絶好の機会である。この機に際し是非とも一大英断をもって帝都建設の大策を確立してその実現を期するべきである。躊躇逡巡(ちゅうちょしゅんじゅん)してこの好機を逸すれば国家永遠の悔いを残すことになろう。よってここに臨時帝都復興調査会を設け、帝都復興の最高政策を審議決定させようとする。[16]

臨時帝都復興調査会
←帝都復興の最高政策を審議決定

帝都復興の大方針に関する後藤の腹案は、以下の三項目であった。

(一) 帝都復興の計画および執行の事務を掌(と)らせるため新たに独立の機関を設けること。

(二) 帝都復興に必要な経費は原則として国費をもって支弁すること。しかしこれに充当する財源は長期の内外債によること。

(三) 罹災地域の土地は公債を発行してこの際これを買収し、土地の整理を実行した上で必要に応じてさらに適当公平にその売却または貸付を為すこと。(17)

このうち、第一項目と第二項目は閣議で採用されたが、第三項目は留保された。この第三項目がいわゆる「焼土全部買上案」である。後藤はこう述べている（以下の文では、第一議案が第一・第二項目に、第二議案が第三項目にあたる）。

「焼土全部買上案」の意図

この第一議案はただちに閣議一致をもって採用され、ただちに救急事業の実施を断行し、これに伴う諸般の法令を立案決定することとなった。しかし第二議案に対しては財政上に疑義があるとされ、ついに閣議の一致を経ることができなかった。なお攻究を要することとして大蔵大臣と稽査(けいさ)の末、予は別に採るべき方策がないわけでもないと信じ、まず前記第一議案の遂行に力を尽した。

当時予はひそかに思った。帝都の災厄は空前の惨禍である、しかもこれを従前の状態に復旧することで満足するようなことは、単に時代の要求に適しないだけに止まらず、後世の子孫に再び同一の惨禍に遭遇させる危険がないとはいえず、都市改善事業は最近世界共通の問題であって、すでに厳然たる科学的一部門を形成し、異常な経費と努力とを用いてなお多大な困難と戦いながらこれを行っている。今にしてこれを断行せずにまたいつの日かにこれを遂行すべき機会があるだろうか。その上姑息（こそく）な復旧は、一見財を要することが少ないように見えて、将来において実は少なからざる浪費と化すだろうことは必然である。これは市民のための企図として忠でないばかりか、市民の志気を振作（しんさく）するものでもない。帝都は単なる地方的都市ではなく国家の中心である。政治的、文化的および経済的中枢地である。国家の力をもって是非とも復興の計画を樹立させるべきであると。さらに予は思った。一一〇〇万坪の焼土を買収するのは、もとより非常な果断である、またそのために巨額な買収費を要するであろうが、復興計画が成った日にこれを原所有者に払下げれば、経済上から見て国家の損失は決して多大ではなく、その方法が時機よろしきを得れば、かえって最少の経費をもって最大の効果を挙げることができると。これがすなわち九月六日の閣議に提案した予の見解の一斑である。[18]

帝都復興のための新たな独立機関として「帝都復興省」を構想

臨時帝都復興調査会の提案は「調査」を重視した後藤ならではの提案であり、かねてからの持論である「大調査機関」[19]の響きを持っている。後日、この提案は退けられ、内閣最高の諮問機関として帝都復興審議会が設けられることになる。

帝都復興のための新たな独立機関についても、後藤は大きな構想を用意していた。「復興省設立ノ議」によれば、帝都復興省という特設機関を設けて帝都復興計画の決定はもちろんのこと、各省の所管に属する事務も帝都復興に関する限り、全部これを復興省に集中し、自治体の権限も一時この機関に移す、というものであった。後藤はこれを「広義の復興」と呼び、その経費概算が三〇億から四〇億円という規模のものであった。[20] 後藤は帝都復興の計画と執行を統一して行うことを主張したが、各省は復興院案を主張し、その間で議論が重ねられたが容易に決しなかった。

後藤の「帝都復興省」の構想は、あたかも「復興に関する臨時政府」を設けるような強力な権限を持つ組織の提案であった。すくなくとも、内閣制度と地方制度の部分的改革案であった。

九月一二日
「帝都復興の詔書」公布

❶遷都論の否定
❷復旧より復興を
❸国家事業としての帝都復興

一方、震災直後の混乱が少し収まってくると、遷都論をはじめ東京の将来についてさまざまな意見が出始め、人心の混乱が拡大する恐れも出てきた。例えば、『大阪朝日新聞』は社説「帝都復興と遷都論」で京都に遷都する論を掲げた[21]。

このような状況に対応し、震災対応の政策の方向性を確定するため、山本内閣は「憲法の番人」を任じている枢密顧問官の伊東巳代治（いとうみよじ）（→89頁）に帝都復興に関する詔書の起草を依頼した。九月一二日に公布された「詔書」[22]には、いわゆる「帝都復興の三則」が掲げられていた[23]。

その第一は「そもそも東京は、帝国の首都にして政治経済の枢軸となり、国民文化の源泉となって民衆一般の敬いしたうところである。一朝不慮の災害に罹（かか）って今やその旧形を留（とどめ）ていないとはいえ、依然としてわが国都の地位を失わない」として、「遷都論」が否定された。

第二として、その善後策は「単に旧態を回復するに止まらず、進んで将来の発展を図り、それによって街の面目を新たにせねばならない。」とされ、復旧より復興にいたる方針が示された。

第三に、「特殊な機関を設定し、帝都復興の事を審議調査させ、その成案は、あ

▲震災直後の市内に摂政宮（のちの昭和天皇、左端）を案内する後藤内相（ステッキの人物）
一九二三（大正十二）年九月一五日
後藤新平記念館所蔵

るいは至高顧問の府に諮り、あるいは立法の府に謀り、計画経営に万事違算ないよう期そうとしている」とし、帝都の回復は国家の事業とされたのである。

この詔書の「帝都復興の三則」は、後藤の「帝都復興の議」の内容と共通の内容を持っている。ここにおいて「復旧」を超えた「復興」が目指されることになったと言ってよい。もっとも「復興」が具体的に何を意味するのかについて伊東にも閣僚の多くにも必ずしも同一の像が結ばれていたわけではない。そのことは、だんだんと明らかになる。

この詔書が発せられた三日後の九月一五日、摂政宮（のちの昭和天皇）は焼土東京を巡視し、後藤内相も従った。後藤は、前年の一九二二（大正十一）年五月、東京市長として東京市政について摂政宮に御進講したことがあった。後藤の「東京計画」について、昭和天皇は強い印象を持たれたようだ。

関東大震災六〇年目の一九八三年、昭和天皇は記者会見で「復興に当って、後藤新平が非常に膨大な計画をたてたが、いろいろの事情でそれが実行されなかったことは非常に残念に思っています。[24]」と発言されている。

ところで、後藤の帝都復興プランの出発点として、最初に拡げられた「大風呂敷」がどんなものだったのか、本多静六（↓38頁）の談話記録[25]が残っている。本多は東

詔書

朕神聖ナル祖宗ノ洪範ヲ紹キ光輝アル國史ノ成跡ニ鑑ミ皇考中興ノ宏謨ヲ繼承シテ肯テ愆ラサラムコトヲ庶幾シ夙夜兢業トシテ治ヲ圖リ幸ニ祖宗ノ神祐ト國民ノ協力トニ頼リ世界空前ノ大戰ニ處シテ尚克ク小康ヲ保ツヲ得タリ

奚ソ圖ラム九月一日ノ激震ハ事咄嗟ニ起リ其ノ震動極メテ峻烈ニシテ家屋ノ潰倒男女ノ慘死幾萬ナルヲ知ラス剰ヘ火災四方ニ起リテ炎燄天ニ沖リ京濱其ノ他ノ市邑一夜ニシテ焦土ト化ス此ノ間交通機關杜絶シ爲ニ流言飛語盛ニ傳ハリ人心洶洶トシテ倍〻其ノ慘害ヲ大ナラシム之ヲ安政當時ノ震災ニ較フレハ寧ロ慘憺ナルヲ想知セシム

朕深ク自ラ戒愼シテ已マサルモ惟フニ天災地變ハ人力ヲ以テ豫防シ難ク只速ニ人事ヲ盡シテ民心ヲ安定スルノ一途アルノミ凡ソ非常ノ秋ニ際シテハ非常ノ果斷ナカルヘカラス若シ夫レ平時ノ條規ニ膠柱シテ活用スルコトヲ悟ラス緩急其ノ宜ヲ失シテ善後ヲ誤リ或ハ個人若ハ一會社ノ利益保障ノ爲ニ多衆災民ノ安固ヲ脅スカ如キアラハ人心動搖シテ抵止スル所ヲ知ラス朕深ク之ヲ憂惕シ既ニ在朝有司ニ命シ臨機救濟ノ道ヲ講セシメ先ツ焦眉ノ急ヲ拯ヒテ以テ惠撫慈養ノ實ヲ擧ケムコトヲ欲ス

抑モ東京ハ帝國ノ首都ニシテ政治經濟ノ樞軸タリ國民文化ノ源泉トナリテ民衆一般ノ瞻仰スル所ナリ一朝不慮ノ災害ニ罹リテ今ヤ其ノ舊形ヲ留メスト雖依然トシテ我國都タルノ地位ヲ失ハス是ヲ以テ其ノ善後策ハ獨リ舊態ヲ回復スルニ止マラス進ンテ將來ノ發展ヲ圖リ以テ巷衢ノ面目ヲ新ニセサルヘカラス惟フニ我忠良ナル國民ハ義勇奉公朕ト共ニ其ノ慶ニ頼ラムコトヲ切望スヘシ之ヲ慮リテ朕ハ宰臣ニ命シ速ニ特殊ノ機關

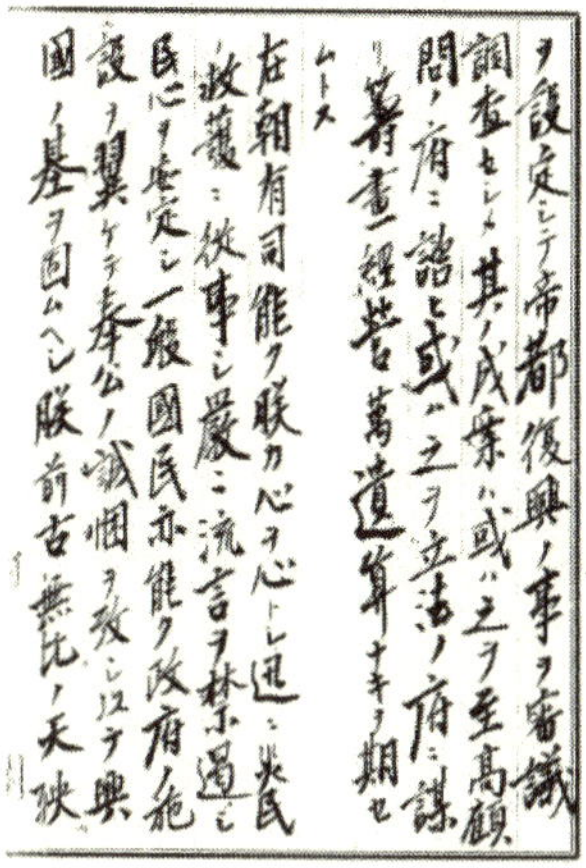

ヲ設定シテ帝都復興ノ事ヲ審議調査セシメ其ノ成案ハ或ハ之ヲ至高顧問ノ府ニ諮ヒ或ハ之ヲ立法ノ府ニ謀リ籌畫經營萬遺算ナキヲ期セムトス

在朝有司能ク朕カ心ヲ心トシ迅ニ災民ノ救護ニ從事シ嚴ニ流言ヲ禁遏シ民心ヲ安定シ一般國民亦能ク政府ノ施設ヲ翼ケテ奉公ノ誠悃ヲ致シ以テ興國ノ基ヲ固ムヘシ朕前古無比ノ天災

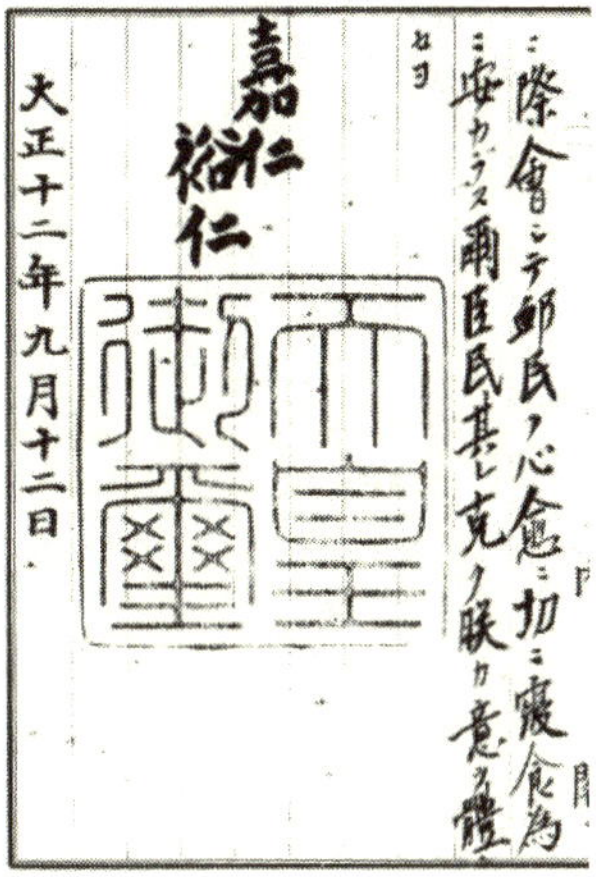

ニ際會シテ卹民ノ心愈々加ハリ寢食爲ニ安カラス爾臣民其レ克ク朕カ意ヲ體セヨ

嘉仁

裕仁

天皇御璽

大正十二年九月十二日

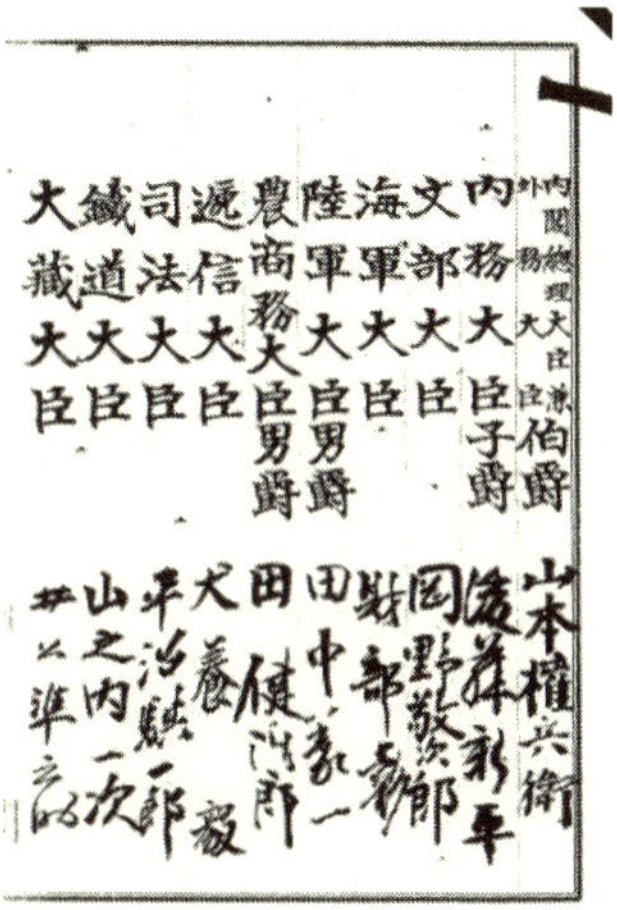

内閣總理大臣兼外務大臣伯爵 山本權兵衛

内務大臣子爵 後藤新平

文部大臣 岡野敬次郎

海軍大臣 財部彪

陸軍大臣男爵 田中義一

農商務大臣男爵 田健治郎

遞信大臣 犬養毅

司法大臣 平沼騏一郎

鐵道大臣 山之内一次

大藏大臣 井上準之助

帝都復興に関する詔書
1923（大正 12）年 9 月 12 日
国立公文書館所蔵

★本多静六（1866-1952）
埼玉出身。林学者。ミュンヘン留学中、後藤と知合う。東京帝大農科大学教授。震災の時四一億円計画を後藤に提示。日比谷公園を設計。

京帝大教授で林学、造園の専門家、後藤とはドイツ留学時代以来の友人である。

関東大震災で山本権兵衛内閣が成立して間もなく、九月何日かの夜、十二時過に突然後藤新平（新任内相）から電話の呼出しがかかった。……「今日閣議で自分が主となって帝都復興計画をやることになった。ついては、その計画の原案を至急君に立ててもらいたい。」という話である。例によって、後藤式な突拍子もない、無茶な申し入れである。

翌日早朝、後藤の秘書官が本多を迎えに来たので、仕方なく出かけると後藤は本多にこう言うのである。

かつて君は、外国帰りに土産話をしたじゃないか。スペインのパル(マ)セローザ(マ)ー（パロセルナ）の都市計画について、我事のようにえらくホラを吹きまくったじゃないか。あれでいいんだよ、あれをそっくりここに当て嵌(は)めればいいんだよ、ぜひあいつをやろうじゃないか。もし君があの資料を提供してくれなければ、僕には何んの腹案も立たない、甚だ面目ない話だが、俺は帝都復興院総裁の兼務を止めるより外に手はない。

後藤のいう「あの資料」とは、大正十年の「世界漫遊」の際に本多がスペインのバルセロナの最新式の都市計画の資料を持ち帰り、当時東京市長だった後藤に「君も東京市の都市計画をやるんだったら、これくらいの思い切ったことをやれよと、激励と報告とをチャンポンにして大ボラを吹いた」ことがあったのを後藤が思い出した、というわけだった。

ホラ吹きホラを知るというわけで、私の大風呂敷を、さらに又大風呂敷を拡げて、そっくりそのまま包み込もうというタクラミである。いい加減でいいんだが、しかし、できるだけ大く無くちゃいかんというのには、後藤らしい無頓着と大胆さがみられて、私も大いにあきれ、且つは大いに感嘆させられたのだった。

後藤の目論みは、本多に「大体の骨子大綱」を作ってもらい、それを復興に関する調査会に「既成の原案」としてかけよう、というわけだった。「何としてもモトが大事だ。モトを急ぐ。それを是非君にやって貰いたいのだ。頼む、拝む……」という次第。

それから二昼夜ばかり、不眠不休で、問題のパルセロナ（ママ）の都市計画を大体の標準にして、私は東京復興案の骨子になるものを作成した。これが後藤の手に渡って、当時としては世人を驚かした厖大四十一億円の大計画案となったのである。いわゆる「後藤の大風呂敷」案と称せられたものである。

「大風呂敷」を本多静六に広げさせる一方、後藤は人心を和らげるために、こんなことも提案したという。山本権兵衛首相はこんな逸話を残している。

民心安定の為の一方法として、後藤内相は、兵に市中を喇叭（らっぱ）を吹き歩かせて貰いたいという提議をした……、平凡ではあるが大変良い考えと思って、早速田中陸相に命じて実行させた。……余程市民の心を和らげた様に思う。(26)

ところで、先に遷都に関して陸軍の調査が開始された、と書いたが、これを担当したのは今村均（いまむらひとし）（→41頁）であった。『今村均大将回想録』にはこう書かれている。

★**今村均**（1886-1968）
宮城出身。軍人。参謀本部員、上原勇作元帥付副官を歴任。満洲事変作戦指導。のちラバウル作戦参加。戦犯となる。著書『今村均大将回想録』。

参謀本部に出務すると、武藤信義（むとうのぶよし）参謀次長によばれた。「学者の説によると、東京附近は火山帯に位置し、ことに地盤上、毎七十年目ぐらいに大震災が見舞うとのことだ。万一戦時中こんなことがあったなら、戦争どころではなくなる。又戦時の防空見地から考えても、こんな平坦な土地では、その施設ができない。東京復興ということになれば、莫大の経費を必要とする。それなら思い切って、適当の土地に遷都の上、理想の帝都を経営し、同時に防空施設を行うべきであるというのが、河合〔操〕総長と自分との考えだ。」(27)

こうして今村は倒壊を免れた参謀本部の文庫にこもり、歴史、地理、地質等に関する書籍を参考に、遷都案を作成した。それによると、「第一は京城の南、竜山。次は播州加古川流域、万已（や）むを得ない場合は、宮城と政府機関とを、八王子附近に移す。」というものである。朝鮮の地への遷都案が第一、というのには驚かされる。また、当時の参謀本部の発想には無視できないものがあるが、「不遷都の詔書」が発せられてこの件は沙汰止みになった。今村の意見書の一部は歴史用に参謀本部の金庫に保存されたという。

2 帝都復興院の創設とスタッフ人事

九月一九日～三〇日

九月一九日
内閣最高の諮問機関として帝都復興審議会設立

九月二一日
第一回復興審議会

★江木千之（1853-1932）
山口出身。文部官僚を経て各県知事を歴任。そのあと貴族院議員として議会で活躍。

九月一九日勅令第四一八号により、内閣最高の諮問機関として、帝都復興審議会が設立された。帝都復興審議会は、山本首相を総裁、後藤内相を幹事長とし、閣内委員一〇名、閣外委員として高橋是清政友会総裁、加藤高明憲政会総裁、伊東巳代治枢密顧問官、江木千之貴族院議員、渋沢栄一（実業界の指導者→65頁）、市来乙彦（日銀総裁→42頁）、和田豊治（実業家→42頁）、青木信光・貴族院議員（研究会の指導者→42頁）、大石正巳・衆議院議員（元農商務相→42頁）の九名が就任した。

その第一回復興審議会が九月二一日午前十時から首相官邸で開かれた。まず後藤幹事長から、政府の大体の方針の説明と応急措置の順序が示され、物資供給諮問案が満場一致で可決された。次回の会合は、帝都復興に関する具体案の作成を待って開催されることとなった。

「復興省」の問題については先に述べたように難航したが、山本首相は、九月二二日の閣議後、後藤内務、田農商務、岡野文部、井上大蔵の各大臣を委員にして熟議させた。復興省に権限を集中する原則は採用されなかったが、首相の管理および六局編成という後藤案の骨子は、帝都復興院として実現した。

九月二七日、勅令第四二五号により「帝都復興院官制」が発布された。その第一条によれば、帝都復興院は内閣総理大臣の管理に属し、東京及び横浜に於ける都市計画、都市計画事業の執行、及び市街地建築物法の施行その他の復興に関する事務を掌る、こととされた。対象区域は「東京及び横浜」とされ、内閣案の「震災地」より広く、復興省案の「帝都」よりは限定されている。しかし、後藤の復興省案にあった重要な部分、すなわち各省の復旧事業を復興省で一元的に執行する構想は実現しなかった。この結果、内務省所管の横浜港の復旧、大蔵省印刷局庁舎再建、文部省の学校建設、逓信省の電信電話施設の復旧など、総額七億八四五三万円に上る「復旧事業」は、各省ごとに進められることになった。

後藤の言う「広義の復興」は実現せず、限定された復興院による「狭義の復興」の枠組みで帝都復興院は出発することになったのである。池田宏（→45頁）によれば、自治体・諸官庁の権限を横断して統一的に復興事業を推進する、という「この趣旨の大半を没却するにいたれり」[28]というわけであった。

しかし、帝都復興院の組織は通常の官僚組織ではなく、各方面・分野からの人材

★市来乙彦（1872-1954）鹿児島出身。東京帝大卒業後、大蔵省入省。大蔵次官を経て加藤友三郎内閣の蔵相。

★和田豊治（1862-1924）大分出身。慶應義塾を経て渡米。帰朝後、日本郵船、三井銀行、鐘紡に勤務。その後富士紡績の経営に参画し、紡績業界の重鎮となる。

★青木信光（1869-1949）茨城出身。明治三十年貴族院議員に当選し、子爵を主体とする院内政派、「研究会」の中心的指導者として活躍。

★大石正巳（1855-1935）高知出身。板垣退助の自由党、あるいはその後、進歩党や憲政党など各種党組織の結党に参画。大正四年、政界隠退。

東京朝日新聞

復舊は不可

……帝都の大震災に際し……以上の復興を期つた……此の紛亂の中にこそ市民が……新文化の蘇生を……

復興資金に充つる爲
改鑄益金使用
議會に改正法提案

復興は十年計畫
復興院經常費

財源は公債

復興計畫は四案ある
後藤內相提出

第一、十億圓計畫案
第二、十五億圓計畫案
第三、二十億圓計畫案
第四、三十億圓計畫案

復興院幹部決定

總裁　後藤內相兼任
副總裁　宮尾舜治（北海道長官）
　　　　松木幹一郎
計畫局長　池田宏（社會局長官兼任）
土地整理局長　宮尾副總裁兼任
建築局長　佐野利器
土木局長　直木技監兼任
物資供給局長　松木副總裁兼任
經理局長（未定）
總裁官房長　金井清
技監　直木倫太郎（大阪港灣部長）

復興評議會組織

復興院假廳舍
馬政局跡に建設

施設は不感服
青木信光子談

前後撞着の官制
小川政友總務談

習志野の鮮支人へ配給（本社から衣類其他）
右端に立つてゐるのは山梨戒嚴司令官

大風呂敷とは何だ
帝都復興計畫
後藤內相談

凡人の目分量

大風呂敷だと

減免されるは何税か
近日勅令公布

政黨の無力

府市の事業

東京朝日新聞

不屈不撓の精神

公開は勿論也

不意に

閣議で決定した
豫算編成方針
關係官廳に通牒

復興院職員任命

二十九日左の通り帝都復興院職員の任命發表された

兼任復興院總裁
　內務大臣從二位勳一等子爵　後藤新平
任復興院副總裁（一等）（各通）
　北海道廳長官從四位勳三等　宮尾舜治
　從四位　松木幹一郎
任復興院技監（一等）
　正六位　直木倫太郎
帝都復興院副總裁　宮尾舜治
同　松木幹一郎
帝都復興院技監　直木倫太郎
兼任復興院理事（一等）（各通）
　社會局長官正五位勳三等　池田宏
任復興院理事（二等）
　東京帝大教授　佐野利器
兼任東京帝大教授（二等）　佐野利器
　十河信二
　金井清
任帝都復興院事務官（二等）　長谷川越夫
兼任帝都復興院書記官四等　池田宏

帝都復興院理事　池田宏
　計畫局長を命ず
同　宮尾舜治
　土地整理局長を命ず
同　佐野利器
　建築局長を命ず
同　直木倫太郎
　土木局長を命ず
同　松木幹一郎
　物資供給局長を命ず
帝都復興院書記官　十河信二
　經理局長を命ず
同　金井清
　帝都復興院總裁官房勤務を命ず
同　長谷川越夫
　帝都復興院總裁官房勤務を命ず

地方官更迭
廿九日發表

宮尾北海道長官が帝都復興院副總裁に任命に伴ひ二十九日左の通り地方長官の更迭が發表された

任北海道廳長官（一等）　大阪府知事　土岐嘉平
任大阪府知事（一等）　鹿兒島縣知事　中川望
任鹿兒島縣知事（二等）　高知縣知事　小幡豐治
任高知縣知事（二等）　內務事務官　藤岡兵一

次の知事更迭
熊本大分二縣

閣議

復興院初會議

攻勢の態度

諒解成り

貴院を去らぬ
樞府に入つたが
仲小路、目賀田兩氏

外交官異動

燒け殘
一杯喰はされた

日露交渉と政府の意嚮

私權擁護の要
政友政調決議

慘しい帝都を
初めて御覽の皇后宮

御出迎

廢墟の

博物館

巴威の騷擾から
全獨逸に戒嚴令
行政權國防大臣に移さる

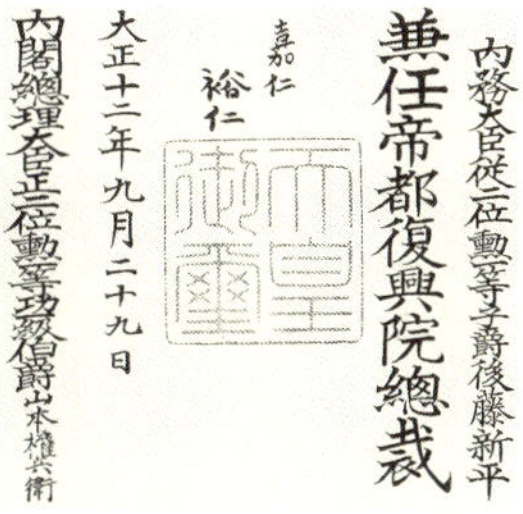
内務大臣従二位勲一等子爵後藤新平
兼任帝都復興院總裁
嘉仁 裕仁
大正十二年九月二十九日
内閣總理大臣正二位勲一等功一級伯爵山本權兵衛

▶帝都復興院総裁辞令
一九二三（大正十二）年
後藤新平記念館所蔵

★池田宏（1881-1939）
静岡出身。都市計画家。初の都市計画法を起草。後藤の八億円計画や震災復興計画に参画。市政調査会理事、京都・神奈川の知事なども歴任。

を調達することが可能な弾力性をもっていた。復興院の職員としては、総裁（親任）、副総裁（二人、勅任）、技監（一人、勅任）、理事（七人、勅任）等が置かれ、その組織としては総裁官房のほか、計画局、土地整理局、建築局、土木局、物資供給局、経理局の六局が置かれた。

計画局長であった池田宏は、帝都復興院官制はいろいろとメリットがあったと評価している。なかでも特筆すべきなのは、普通一般の官制とは異なり、帝都復興の計画調査と事業の執行を「ひとつの大きなビジネス」とみなして、それを効果的に進める組織を整備したことにある、という。いわば「一種のマネージャー・プラン」を採用して、有能達識の人士を幹部に迎え、適任者を適所に配したのである。理事、参与・参事、評議会の制度によって官僚制度の欠点を補おうとしたのである。こうして、佐野利器（↓52頁）が東大の教授から、太田圓三（↓53頁）が鉄道省の一技師から一躍局長の要職に充てられ、民間の逸材を採用することができた。その結果は必ずしも十分であるとは言えないまでも、とにかく至難にして例がない復興計画を立てられたのは、この復興院の人事制度に負うところが大きかった、と池田は回顧している。[29]

★**松木幹一郎**（1872-1939）
愛媛出身。逓信省、鉄道庁につとめ、東京市電気局長、市政調査会理事、復興院副総裁など歴任。のち台湾電力社長となる。

後藤新平は、台湾、満鉄、鉄道院、内務省といった彼のキャリアの中で出会った人材にいわば「非常召集」をかけたのである。まず、総裁の両腕とも言うべき副総裁については、宮尾舜治（↓64頁）と松木幹一郎を起用した。

宮尾は大蔵官僚出身で、台湾総督府時代、後藤のもとで専売局長を務めたほか、外国の植民地統治・熱帯産業の調査研究を行い、台湾彩票（富籤）の事業の責任者でもあった。宮尾は「後藤さんの呼出状を蒙って東京に出て参りましたのが、確か九月の三十日の朝でございます。[30]」と回顧している。松木は後藤の知遇を得て逓信省から鉄道院に引き抜かれ、その後、大正十一（一九二二）年後藤が創設した東京市政調査会の理事にもなっている。

そのほかのスタッフ人事を見よう。

それから伯は、若い人間を使いたいと考えて、鉄道省から十河信二（↓53頁）、太田圓三、金井清の三人を抜いて各々経理局長（心得）、土木局長、官房長とし、さらに計画局長としては、内務省および東京市において、伯と永く都市行政の仕事をともにしたる池田宏を抜いてきた。そのとき池田宏は内務省の社会局長官であった。それから土地整理局長には北海道から稲葉健之助を招き、建築局

帝都復興院における会議の様子

1923（大正 12）年頃　東京市政調査会所蔵

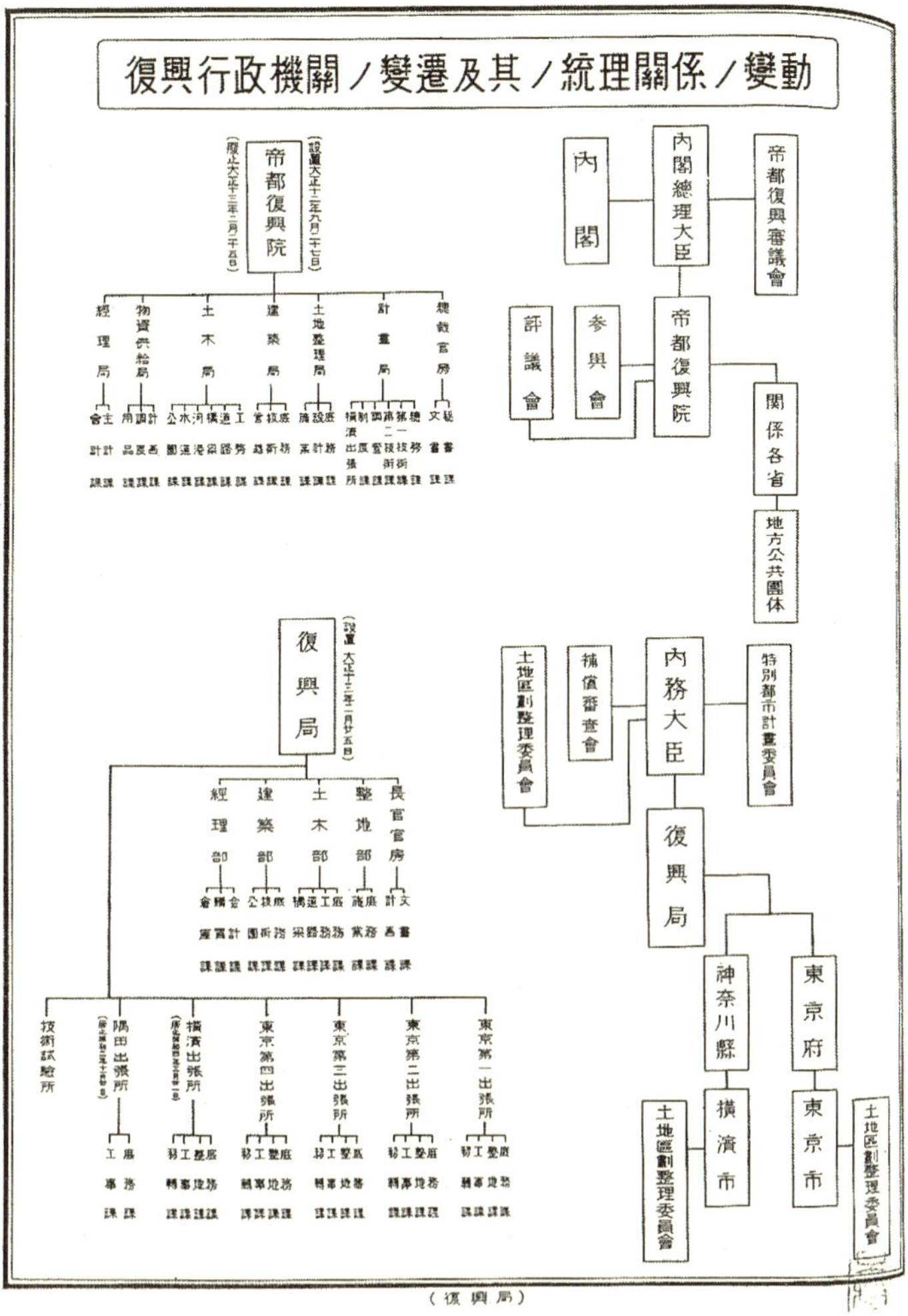

『帝都復興事業大観』第六章所収
復興行政機関組織図

★岸一太（1874-1937）
岡山出身。医師、発明家。台湾で後藤と親交。大連病院長となり、後藤の訪ロに随行。飛行機を開発。塵芥処分の発明を後藤市長に献策。復興院勅任技師となる。

長には東京帝国大学の教授佐野利器を採用し、物資供給局長は松木の兼任とした。それから技監には直木倫太郎を、二名の勅任技師には、内務省の山田博愛（→67頁）と医学博士岸一太とを任命した。

この岸の任命は少なからず世間を驚かした。けだし岸は耳鼻咽喉科の専門医で、台湾以来伯に知られていた。彼は非凡なる発明的才能を有し、欧州大戦中は製鉄工場を作り、また飛行機の製作に従事していたが、事志と違って以来は、都市の塵芥処分に関する発明を伯に献策した。世間は岸のかくのごとき研究を知らなかった。ゆえに耳鼻咽喉の専門家が、帝都復興院の勅任技師となるのを見て、伯の身勝手と誤解したのである。[31]

さて、帝都復興院のスタッフ人事の要は、計画局長の池田宏と建築局長の佐野利器であった。このことを理解するためには、時計を少し前に戻し、近代日本の都市計画の揺籃時代を観察する必要がある。

都市計画史家の越澤明は『復興計画』の中で、都市計画史における後藤新平をこう位置づけている。

一九一九年 都市計画法が公布

「日本の近代都市計画の父」としての後藤

「都市研究会」の面々

一九一九（大正八）年、都市計画法が公布され、近代都市計画の法制度が日本に導入された。一九二三年の関東大震災後の復興事業（一九二四〜三〇年）は日本国内における初の大々的な都市計画事業であった。この二つの事柄は、いずれも後藤新平の卓越したリーダーシップによって実現している。

大正・昭和を通じて後藤新平のように都市計画に情熱を注いだ有力政治家は他にいない。しかも、彼の周囲には当時のトップクラスの専門家（学者、官僚、技術者）がブレーンとして集まっていた。大正期、日本で近代都市計画が制度化され、帝都復興事業を通して確立されていく過程は、すべて後藤新平と彼の周囲の専門家を中心に展開した。

その意味で、後藤新平は日本の近代都市計画の父といってよい。都市計画に理解を示し、東京の都市改造に情熱を燃やす後藤新平の、政治家としては特異な資質は、台湾と南満洲における経験（社会資本整備を重視した都市経営）で培われたものである。[32]

後藤の周囲に集まったトップクラスの専門家の組織が「都市研究会」であった。内田嘉吉（うちだかきち）（↓50頁）によれば「この会の始まりは大正五年頃から起こりまして、そ

★内田嘉吉（1866-1933）
東京出身。高等海員審判所所長、台湾民政長官などを経、都市研究会を発足させ、第二次山本内閣の時、台湾総督。のち日本無線電信会社社長。

★内田祥三（1885-1972）
東京出身。建築家。鉄筋コンクリート構造を研究。東大教授。震災後の安田講堂を建設。復興計画に参加。東大総長、日本建築学会会長。文化勲章受章。

うして本当に会という組織を形つくりましたのは大正六年の一〇月であって、初めてその時には公けの組織立った会合をしたのであります。その時に会長に後藤伯爵を推薦して御就任を願ったのであります。」という。

『佐野博士追想録』には、「都市研究会の人々」（大正八年一二月二〇日後藤男爵邸にて）という一枚の写真が掲載されている。この写真は、近代日本の都市計画・建築・住宅の歴史の一瞬を凝縮したような一枚であり[33]、後藤新平を中心にして、佐野利器、池田宏、山田博愛、笠原敏郎（→74頁）、内田祥三ら、のちの復興院・復興局のスタッフの面々が写っている。

都市研究会は、都市問題の調査研究、講演会など市民への啓蒙活動、専門家養成のための実務研修を行い、それらを雑誌『都市公論』に発表していった。とくに都市計画の法制化の運動はめざましく、後藤の強力な支援を得て、一九一八（大正七）年五月には、内務省大臣官房に都市計画課が設置され、都市計画調査会官制が公布された。翌一九一九（大正八）年四月には、都市計画法及び市街地建築物法が制定された。

一九二〇（大正九）年一二月、後藤は東京市長に就任したが、このとき腹心の内務官僚、永田秀次郎（→126頁）、池田宏、前田多門の三人を助役に起用した。永田が

一九二〇年一二月
後藤は東京市長に就任
「東京市政要綱」
（いわゆる「八億円計画」）
一九二二年二月
東京市政調査会を設立

★安田善次郎（1838-1921）
富山出身。銀行家。銀行王と呼ばれ安田財閥の祖。後藤の東京市政調査会設立や日比谷公会堂建設などに資金提供。大磯の別荘で右翼に刺殺さる。

震災時の東京市長である。

このとき後藤は、「東京市政要綱」（いわゆる「八億円計画」）という東京の都市づくりのビジョンを作成するとともに、安田善次郎の理解と財政的支援も得て、財団法人・東京市政調査会を設立している（一九二二年二月）。また、後述するように、米国の歴史学者で政治学者のニューヨーク市政調査会の理事、チャールズ・ビーアド（→77頁）を招聘し、東京市政の改革や日本の都市問題についての調査と助言を依頼した。後藤の周囲には、知識と情熱と経験を持った人々が結集していたのである。

帝都復興院の建築局長になった佐野利器は、つぎのように回想している。

後藤さんから来いということでした。伺ったところが建築局長を勤めろということでした。「なにをするのですか」と言ったところが「復旧などではなくてこれからは復興だ。この際何をするかということはソッチで考えろ、俺にわかるか」、こういうお話であった。（笑い声）やはり偉人の言というものはギュッと胸に響くものでありまして、このお話を伺って私も「よしっ一つ有らん限りの力を出して御勤めしてみよう」という心持が起こって来たのであります。[34]

★佐野利器（1880-1956）
山形出身。建築家。東大教授。建築構造学を主導、「震度」概念を提唱。復興院建築局長、東京市建築局長を経、東大退官後、清水組副社長。

▶市政会館の定礎式
東京市政調査会所蔵

建築構造と耐震設計の専門家としての佐野が初めて実際の地震被害を調査したのは、一九〇四（明治三十七）年の台湾の嘉義の大地震のときであった。一九〇六年にはカリフォルニア大地震の調査でサンフランシスコに滞在し、ここで鉄筋コンクリート構造の建築物の強さを認識することになった。

もうひとつは、太田圓三のケースでこれも逸話が残っている。経理局長となった十河信二の回想である[35]。十河は辞令をもらうと、すぐに後藤邸を訪問し、鉄道院技師の太田の採用を働きかけた。

> 帝都復興事業の極めて困難なること、従ってこれに当る首脳者の撰択については慎重の考慮を必要とすること、従って年輩や過去の地位経歴に拘泥せず、有為なる新人を登庸すべきであること等を縷述した。そうして太田圓三が最適任者であると推薦したのである。
>
> しかるに総裁は、太田が技術家として経験浅く年齢が若いという故をもって賛成せられなかった。そこで金井と私は色々と太田の人物手腕力量を説明して、年齢とか過去の地位、経歴等を問題にすべからざる所以を力説したのであるが、

★太田圓三（1881-1926）静岡出身。土木技術者・鉄道技師。詩人・木下杢太郎の実兄。鉄道省から帝都復興院土木局長に抜擢。「震災復興橋梁」の建設を橋梁課長の田中豊と共に主導。復興局疑獄に巻き込まれ自殺した。

★十河信二（1884-1981）愛媛出身。鉄道関係。鉄道院から復興院経理局長となる。復興局時代に冤罪を蒙る。その後満鉄理事を経、戦後の国鉄第四代総裁となり新幹線を実現。

已に内定していると言うので、総裁の容るるところとならなかった。遂に午前一時まで意見を闘わしたが、どうしても私達の言うことを聴き入れない。私達は総裁に再考の余地はありませんかと確かめたところ、その余地なしと答えられた。そこで私は、後藤新平已に老いたり、後藤新平なればこそ、帝都復興のごとき困難なる大事業も成し遂げられると思うて、自分はその傘下に馳せ参じたのであるが、最早その希望は水泡に帰した、こんなところに長居は無用だと言って、大声で総裁を罵倒して席を蹴って帰ってきた。

普通なら、これで太田の採用どころか十河の辞令も取り消しになって不思議ではないケースだが、後藤は違っていた。宮尾、松木の両副総裁の意見を再度聞き、十河の進言を聞き入れて太田を局長として採用したのである。「かくのごときは我が後藤総裁にして初めて見ることのできることではなかったかと、今でも考えている。」と十河は述懐している。

十河信二の強引な談判は、その後の震災復興事業の展開を考えると、結果としてきわめて重要なはたらきをしたように思える。

土木局長・太田圓三の非凡な働き

また太田圓三は土木局長として、非凡な働きをした。彼は優れたる技術家であったほかに、天才的な芸術肌の人間であったので、帝都復興のような創造的事業にはぶっつけの人物であった。区画整理の具体案は多く彼の創意から生まれた。また彼は新興帝都の建設に、いかにして古典的日本の芸術的風趣を残そうかということに腐心した。例えば隅田川に架した五大橋のごときは、まず画家に美しき橋の絵を描かして、それを沢山陳列し文学者、美術家、思想家、建築家などを集めてその批評を求めてから、これによって初めて技術者をして設計せしめたものであった。

また桜田門のごときも、道路計画からゆけば取り壊されるはずのところを、太田は都市美のために、巧みにこれを新道路計画のうちに取入れて保存した。こういう太田の芸術的意見を、伯はよく容れた。彼をして、能率と美観との二つを具(そな)えるように、復興計画を進めしめたのであった(36)。

3 復興計画の策定

九月二七日〜一一月一五日

復興節
♩=90
うーちはやけてもえどっこの　いーきはきえない
みておくれ　アラマ　オヤマ　たちまちならんだ
バラックに　よーるはねながら　おつきさま　ながめて
エーゾエーゾ　てーいとふっこう　エーゾエーゾ

◀復興節（JASRAC 出1108564-101）『添田唖蟬坊・知道著作集　別巻　流行歌明治大正史』刀水書房より

♪銀座街頭泥の海　種を蒔こうというたも夢よ　アラマ　オヤマ
帝都復興善後策　道もよくなろ　街もよくなろ　電車も安くなる　エーゾ
エーゾ
新平さんに頼めば　エーゾ　エーゾ　エーゾ

――「復興節(37)」――

これは、明治・大正時代に演歌師として活躍した添田知道（そえだともみち）（芸名、添田さつき→56頁）が作詞した「復興節」の一節である。下谷で焼け出された添田知道は、惨禍の中で「どんな深沈の中でも、人々は音をもとめている、ということを知った。音。それは生命の律動。……人々は食の飢えもあるが、音にも飢えていたのだ。」こうして、「復興節」はたちまち多くの人に歌われ、添田は歌詞を追作した。それが「新平さんに頼めば　エーゾ　エーゾ　エーゾ」である。ここには、バラックで必死に生き延びようとす

★添田知道（1902-1980）東京出身。演歌師、作家、評論家。芸名はさつき。演歌師・添田唖蝉坊の長男。

る人々の、後藤への期待が感じられる。復興の計画は、この期待に応えられたのであろうか。

復興予算規模の変遷

　復興計画の展開プロセスは少し複雑なので、あらかじめその予算規模の変遷を大雑把に辿っておこう。

　まず、震災直後の第一段階。内務省の都市計画局内部では三〇億から四〇億円規模の構想が検討された。これは復興に要するすべての費用の概算である。後藤が本多静六に依頼したプランも入っていたであろう。

九月二七日　帝都復興院が設置

　九月二七日に帝都復興院が設置され、各省の復興事業は院とは別枠となった。この第二段階では、復興院が所管する東京・横浜の都市計画を中心とする復興計画が一〇月に作成された。「甲案」（一三億円）と「乙案」（一〇億円）であり、参与会の検討に付された。さらに、これとは別に基礎案（一〇億円）がまとめられた。

　第三段階。一一月初旬、大蔵省との折衝で予算枠がはめられ七億円規模に縮減された。

　第四段階は帝都復興審議会である。政府案は伊東巳代治らの大反対で削減、修正され、五億七千万円の計画となった。

そして、最後の第五段階が帝国議会である。一二月、第四七臨時議会で政友会の反対により大幅な減額修正を受けて成立した復興予算は四億七千万円であった。当時の国家予算が一四億円規模であるから、復興予算の規模とその変化がいかに大きいものであるかが分る。

ただし、一九二四年六月の第四九議会で一億円追加され、当初合計五億七千万円となった。さらに、一九二八年第五六議会に提出された予算は六億五千万円で、地方負担分を入れると八億二千万円となる。なぜか後藤が東京市長だったときの「八億円計画」の数字と近いものになっている。

「広義の復興計画」と「狭義の復興計画」

帝都復興計画については、その計画のコンセプトを明確にしておかなければならない。先にも触れたが、「広義の復興計画」と「狭義の復興計画」の区別が大切である。後藤新平自身の説明を見よう。

こうして山本内閣は第一救護、第二復旧、第三復興の方針を貫徹することに努め、連日閣議を開いて寸時の閑隙もなく、ほとんど寝食を忘れて事に当たった。特に九月の三旬間は専ら応急の救護事業に多忙を極め、まるで救急内閣の

帝都復興計画甲案

1923（大正 12）年　都市計画協会所蔵

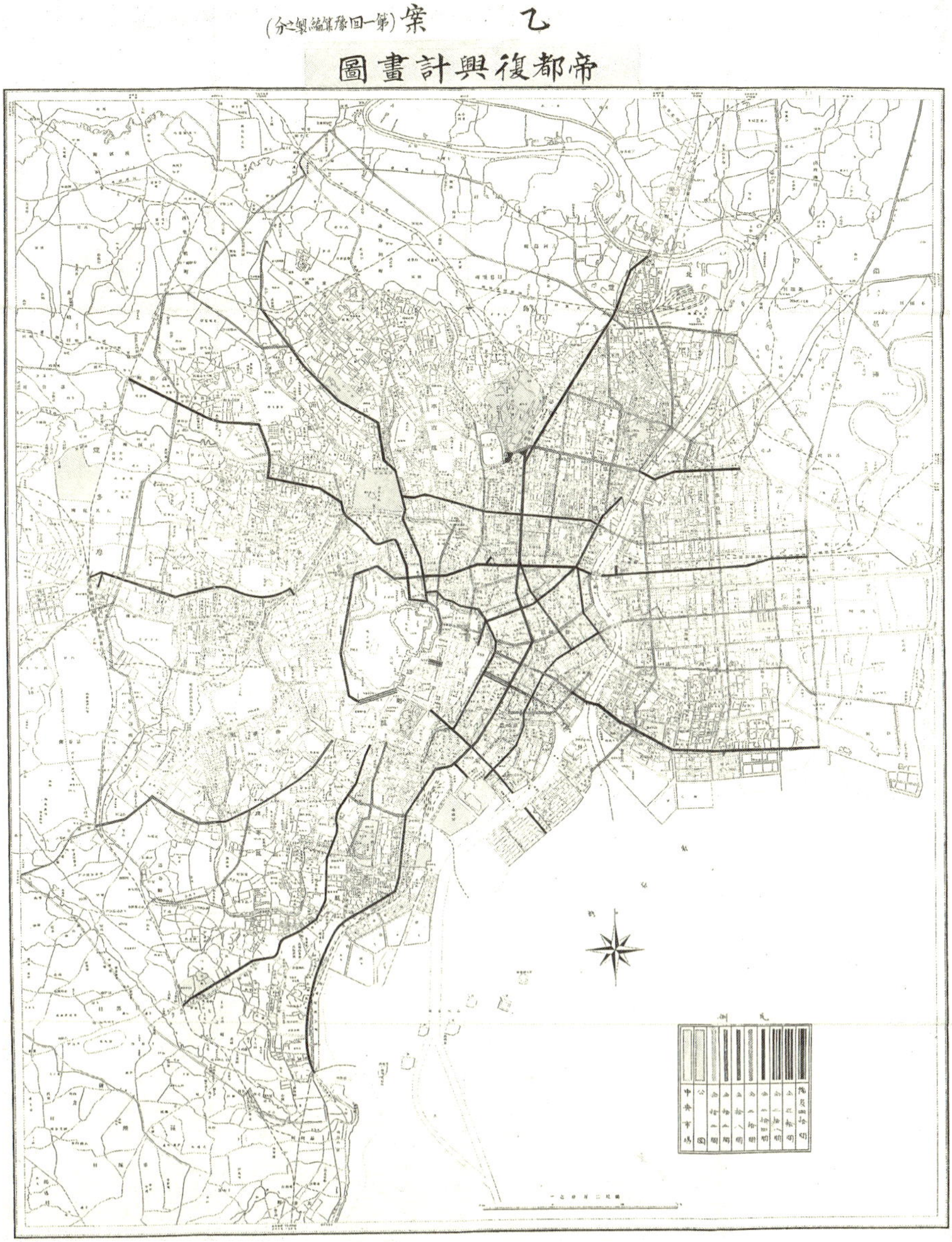

帝都復興計画乙案

1923（大正 12）年　都市計画協会所蔵

観を呈したが同月下旬にいたり復興審議会および復興院官制の発布を見、ついで復興院評議会および参与の選定を終わり、各機関の審議攻究を経て、ようやくその成案を得た後の経過は世人も知るところであろう。

ところが世上はややもすれば、復興の意について種々の誤解を抱く者がなくはない。なかでも広義の復興計画と狭義の復興計画とを混同するなどということはその著しい一例である。そもそも広義の復興は国家、府県および自治体その他各種重要機関の事業に属するもの全部を総括する一大復興網を意味するものであって、仮にその経費を概算すれば約三五億にのぼるだろう。次に狭義の復興計画はどうかといえば、これはただ国家と自治体との共同努力によって達成すべき事業に限られるものであり、厳密には自治体の事業中、国家の力をもってこれを執行しまたこれを補佐し補助する範囲を出ない。したがって国家それ自身の復旧事業はもちろん、府県その他各種重要機関の事業はこれに包含されない。

今回山本内閣によって規定づけられた復興院所管事業は、すなわち前者すなわち大復興網（各官衙所管の復興）ではなくて、後者すなわち小復興網である。換言するならば広義の復興（約二十億）を別途に切り離して、その中から狭義の復興計画を採りこれを復興院の事業としたのである。ゆえにその経費は、後者が前者に比して遥かに少額であるのは当然のこと自明の理である。政府ははじめからあえてその方針を一定し、経費の許す範囲により伸縮の自由な経綸を画策した。広義の大復興案を掲げて狭義の小復興計画に収縮したとするようなことは、事業の真相を見誤った臆断にすぎない。（ただし政府が広義の復興案を総括的に立案策定しないで、単に狭義の復興計画を復興院に管掌させたことの可否については、もとより衆説一致しておらず、これは別問題である）[38]

つまり、帝都復興院の所管する計画が「狭義の復興計画」であった。これと、それ以前の「伸縮自由な経綸」の関係について、計画局長であった池田宏はつぎのように述べている。

帝都復興計画の基礎案は、世にあるいは五十億案と称し、あるいは三十五億案と称し、あるいは十五億案として伝えられたるあり、然りといえども、これらは、もと内務省都市計画局において、依命調査したる復興計画予算案の概算書の片鱗がたまたま外間に漏れたるに過ぎず。これらの概算書は、復興院の成立と共に引継がれ、爾来同院幹部の間に夜を日に継いで討究せられたりといえども、要するに、都市計画局が、平時に於いて、東京及び横浜の都市計画施設として確立せんと欲したる事業の施設計画を、震火災の跡に鑑み補訂したるものにつき、これが諸経費を概算したるものに諸官衙、学校、文芸施設の回復に要する費用と、鉄道に関する費用の概数を加算したるものの大数を示すに過ぎず[39]。

以下に、復興計画策定のプロセスに関する回想で、後藤に関係するものをいくつか収録しておこう。

復興計画は八億円計画が基礎

荒木孟・東京市財務課長（のち、東京市助役）

計画の樹立に非常に幸いであったのは、後藤伯の市長時代に立案調査せられたいわゆる八億円計画であったと思います。復興院ができて復興計画を為さる、その調査立案の材料は、後藤市長の時代にできた都市計画及びこれを含む八億円計画が事実上の基礎をなしたと言っても差し支えない、と思うのであります[40]。

〔震災直後の三日の朝〕内務大臣の官邸に参りました所が、偉い元気で激励して

★**牧彦七**（1870-1950）
大分出身。工学者。内務省勅任技師として道路改良の研究。震災後、東京市土木局長として復興に尽力。横浜の山下公園などを構想した。

下さって、いや心配することはない、組織をしっかりしてやって行きさえすれば大丈夫だ、何事も組織が大事だ、と言われた。……こんな時でも矢張り後藤さんは後藤さんらしいことを言われると思いました。[41]

牧彦七・工学博士（当時内務省土木試験所、横浜市復興支援、東京市土木局長）

殊に後に伝えたいと思うのは、当時の内務大臣後藤伯を記念すべき一つの痛快な話があります。〔バラック建てができる前に、東海道の小田原までの道路に幅杭を入れよう、という案を、安河内神奈川県知事、内務省の長谷川久一土木局長、塚本清治内務次官に話して賛意を得て〕後藤伯の所に持って行ったところが、もう一言の下に快諾されて、この際やるべし、一刻も早くやった方が宜しかろうという事で（略）、いかにも後藤伯の明快な決断の宜しいのを私は時々想い出して故伯を偲ぶのであります。[42]

内務大臣が私を呼ばれて、横浜市の土木局長が震災の直後に死んで、横浜市は復興計画に人が無いので困って居るから、君一つ行って手伝ってやれ、というな話で[43]〔した。〕

★**宮尾舜治**（1868-1937）新潟出身。台湾で後藤の下に専売局長、彩票責任者。北海道庁長官などを経、復興院副総裁として後藤を補佐。貴族院勅選議員。

宮尾舜治・副総裁

国民の上下を挙げて共に熱心に復興に参集して（略）、後藤子のごときは自ら街頭に進出して大分世論も喚起せられて参りました。……復旧復興は成立せしむべきものだ、という議論も起こって来た。起こって来たのでない、人心の帰向を定める為に後藤さんがリードせられたのである。この力に依って復興も大成したのであります。(44)

渡辺勝三郎・横浜市長

後藤伯に、私共がお会いした時に……伯は金は心配せんで宜しい、金は俺の方で心配するから、総て救済の事なり、計画の事なり心配なしにやって宜しいと言われました。……東京横浜の両市は当分市制は中止だ。市会などに顧慮せずにやれ、と言われた。……横浜は住宅及び官公署共全部消失して公簿類は申すまでもなく地図一枚ない。その上に横浜の都市計画局長たりし坂田技師は震災後数日にして死去されましたので、都市計画をやろうにも書類はなし、又それを頭に入れて居った人も死んでしまった。これが横浜としては不幸の上の大不幸にして非常に困難しました。……後藤伯は……牧〔彦七・東京市土木局

横浜を「帝都の関門」に

> 長）君を推薦してくださいました。牧君は昼夜兼行、非常な努力で大いに勉強して復興の計画を作ってくれられました。(45) 横浜の復興に関し私の最も苦心したのは、横浜は東京と一緒にして大東京―帝都の玄関港として見るべきものである。……後藤伯が主務大臣として共鳴してくれられた事は横浜を活かした所以で、横浜の今日あるを致した最大の根本であろうと信じて居ります。(46)

横浜の復興に果たした後藤の役割は非常に大きいものがあった。後藤は横浜を「帝都の関門」として、帝都の範囲に含めたのである。

帝都復興計画の立案とは別に、罹災者の救済は喫緊の課題であった。先述したように、九月二日に臨時震災救護事務局が設置されたが、山本内閣はこれを引継いで、総裁山本首相、副総裁後藤内相という体制で、緊急対策が政府を挙げて開始された。

★渋沢栄一（1840-1931）　埼玉出身。実業家。資本主義実業の基礎確立に大きな足跡を残す。後藤を東京市長に推し、震災復興計画については後藤らと政友会との間を調停した。

後藤は九月四日には渋沢栄一を内相官邸に招致し、罹災者救護と経済界安定に向けて、協調会副会長としての渋沢に協力を要請している。(47) 協調会は一九一九（大正八）年に労使間の融和と社会政策事業のために渋沢が中心となって作った財団法人である。渋沢は罹災者収容、炊出し、震災情報掲示板、臨時病院など、多方面の救護事業を行った。また、帝都復興審議会の委員にも就任している。

★阪谷芳郎（1863-1941）
岡山出身。財政家。大蔵畑を歩く。渋沢栄一次女と結婚。復興院の帝都復興評議会会長、東京市政調査会会長などを務めた。

★星野錫（1854-1938）
兵庫出身。印刷事業。日本で初めてコロタイプ写真版印刷を手がける。後藤に請われ『満洲日日新聞』創刊。震災で物資供給の任に当る。区画整理の補償審査会会長を務める。

後藤は、「大震災善後会」という組織の発足についても助力した。事務の中心を担った河井弥八によれば、この組織は貴族院議員（徳川議長等）、衆議院議員（粕谷議長等）、実業家（渋沢栄一等）、阪谷芳郎（帝都復興院評議会長）等による、今で言えば救済・復興のためのボランティア団体であった。[48] また、罹災民が冬を凌ぐための物品購入について、「これは後藤伯の非常に英断」であったとする星野錫・帝都復興院参与の発言[49]が残されている。

帝都復興計画の作成プロセスについて、池田計画局長のもとで計画の大綱と予算案の編成を担当した技術課長の山田博愛は次のように語っている。

当時後藤さんは、予算を取ることにつき非常に御苦心になっておったということは、私共にもよく想像ができたのであります。その一例として二十六日の午後内務大臣に呼ばれて、いろいろの案についてモウ一度説明してくれということでありましたので、私は図面を持って行って詳しく説明を申し上げて、図面を置いて帰ると、夜の十一時頃になって田島秘書官が、今から内務大臣の私邸に来るようにと言って迎えに来ました。そこで自動車に同乗して私邸に行き、

★**山田博愛**（1880-1958）新潟出身。都市計画家、土木技術者。池田宏や笠原敏郎らと都市計画法と市街地建築物法立案・制定に中心的役割。帝都復興院では計画局第一技術課長となり、計画案作成に当たった。日大教授。

「なるべく理想方針で進もう」

下の部屋で待っておりました。そのとき井上〔準之助〕大蔵大臣が見えておりまして、図面によって内務大臣が大蔵大臣に、いろいろ説明しておられたのであります。それから復興院の官制の発布になったのが九月二十七日で、二十九日には幹部が全部揃ったのでありまして、いよいよこれから具体的調査に入ることになったのでありますが、外部からいろいろな意見の提出がありますし、市からも計画案が出て来るし、また内部でもそれぞれ主張がある。何しろ大きな計画を纏(まと)めることでありますから、なかなか容易に意見が一致しないのであります。打合せ会も毎日のように開かれたのでありますが、そのたびに議論百出して収拾することのできないという状態でありました。

殊(こと)に総裁は非常に大きな考えを持っておられ、なるべく理想方針で進もうというお考えがあり、私も話を承っていると、或る場合には全く財政問題を超越した御意見の出ることもあったのであります。従っていろいろの調査をお命じになる。それも副総裁、技監あるいは局長などの手を通して命ぜられるのが当然でありますが、必ずしもそうは参らぬ。直接呼びつけられて色々の調査を急速に命ぜられることがたびたびあったのであります。全くその当時の私どもは部下の職員と共に、機械のごとく時間という観念を度外視して働いたのであります。[50]

帝都復興院の現場の雰囲気

また、帝都復興院の現場の雰囲気について、山田博愛はこう語っている。

殊に復興院の職員は一時に諸方面から集まって来たのでありまして、従来都市計画に直接関係を持っておった人は、極めて少ないのでありましたから、どうも連絡上不都合の点もあり、また意志の疎通上遺憾の点が随分多くありまして、全く戦争状態のような感じがしたのであります。従って計画も朝漸くできたかと思うと、昼にはモウ変わり、晩にはまた変るという有様で、同僚お互同志も、朝刊はどうだ、正午版はどうだ、夕刊はどうだというような冗談を言うようになったのであります。でありますからその計画の変るたびごとにまた予算も変わって行くような訳で、予算を担当している吾々においては天手古舞の状態であったのであります。[51]

朝、昼、晩と刻々と変わる計画

復興計画の立案は計画局の担当であったが、池田計画局長に一任されていたわけではなく、後藤総裁と宮尾・松木の両副総裁、直木技監、佐野・建築、太田・土木等の各局長によって構成される、帝都復興院の幹部全体の合議で進められたという。これは満鉄時代に後藤総裁が採用した経営戦略の立案体制と類似したものである。

幹部全体の合議で進める帝都復興院

このようにして、帝都復興院においてひとまずまとめられた案が、「甲案」と「乙案」であった。そしてそれが参与会に提出される案となった。山田がこう語っている。

それから計画関係の人事問題についても、内務省の都市計画局の人間の主な者はほとんど全部復興院の方に廻って来ました。なお東京市からも下水関係とか、水道関係とか、あるいは橋梁関係とか、それぞれ専門の人を貰って来た訳であります。そういう風にして進んでおりますうちに、十月十八日頃になりまして、いろいろの案もできたが、とにかく甲案、乙案の二つで関係の会議に臨むようにしようではないか、そうして甲案をまず第一案とすることにしようということが理事会で決定した訳であります。その甲案というのが一三億案、乙案というのが十億案であります。そうして十一月一日から開かれた参与会に、この両案が参考案として提出された訳であります。(52)

一〇月二四日
「帝都復興事業の規模、所要経費の概算並びに事業の施設方針に関する件」閣議の大体の了解を得る

一〇月二四日[53]、後藤総裁の命により復興院が調査立案した「帝都復興事業の規模、所要経費の概算並びに事業の施設方針に関する件」が、後藤によって閣議に詳細に報告され、大体の了解を得た。池田計画局長によればこれが復興策の大綱としてその輪郭を明らかにする最初のものであった。

この計画は、「帝都将来の発達に備える計画を基準として、先ず焼失地域に於ける復興を図ることを主たる目的」としていた。街路、河川・運河、港湾、上水・下水、教育機関・庁舎、中央市場、病院、社会事業設備、公園、区画整理、塵芥（じんかい）処分設備、合計約一一億円が所要経費として見込まれた。

この概算は、「東京市が災害前既に着手せる都市計画事業」、すなわち後藤が東京市長時代に立案した「八億円計画」を参考に、これに電気軌道（路面電車）の建設改良経費、及び今回の災害で失われた庁舎、教育施設、道路橋梁等々の回復に要する費用を合算したものである、と説明されている。さらに、この東京復興に加えて、横浜港の修復、横浜市の街路、運河、公園、上下水道等の所要経費を約二億円要するものとした。

帝都復興事業に要する経費の概算　総額およそ一三億円

こうして、総額およそ一三億円を以って、国及び地方の施設を通じて帝都復興事業に要する経費の概算とされた。この範囲内に於いて「緊急止むべからざる事業の

範囲を図る」ものとされた。これが言わば経費概算の上限、シーリング（天井）であった。

次に、「帝都復興事業の規模及びその施設方針の要項」に関してであるが、これについては主要な点のみを挙げておきたい。

①主要幹線の規格は幅員二四間（約四四メートル）以上の広路とする。

②高速度鉄道（高架鉄道または地下鉄道）の施設に備えるため六間から二〇間以下の街路を施設する。

③主要街路の「交角」（交差部）並びに「橋台地」（橋詰広場）等には適当な広場を建設する。

④鉄道停車場、港湾設備地と市内交通の連絡を容易にする。

⑤一切の建築物は街路計画に従うもののほか、予め建築線の指定を受けなければ建築できないよう制度を改める。

⑥復興計画はすべて復興院が規格を統制するが、執行すべき事業はでき得る限り自治の運用にまつ。帝都復興院は主として帝都構成の基幹となる施設の執行を担当する。

国と自治体の関係「でき得る限り自治の運用にまつ」

ここで注目されるのは、国と自治体の関係であって、「でき得る限り自治の運用にまつ」とされている点である。また、池田のコメントによれば、この段階では、区画整理について後藤内相が当初閣議に提案した焼失区域全域を対象とした「理想案」を避けて、公益上やむを得ざる理由があり、必要欠くべからざる地区のみに限定していることが注目される(54)。

一一月一日　第一回帝都復興院参与会

さて、第一回の帝都復興院参与会は一一月一日に永田町の首相官邸において開かれた。参与は関係各省の次官、警視総監、東京府知事、神奈川県知事、永田秀次郎・東京市長及び学識経験者によって構成されていた。学識経験者には本多静六・東大教授がいる。

後藤はその挨拶を、「今まで多少の都市計画に従事した経験もありますが、これらは田舎芝居に過ぎないので、長春のそれのごとき、台中、台北のそれのごとき、いずれも今回の帝都復興に比較しましたならばその規模の大小固(もと)より日を同じくして論ずべからざるものでありまして」と始めている。やはり後藤の脳裏を台湾、満洲が去来したものとみえる。そして、四つの点を強調した。

❶東京は帝都であり横浜港は「帝都の関門」である

第一に、東京は帝都であり、横浜も開港以来「国港」としての使命が定まり、したがって横浜港は「帝都の関門」である、という点である。

❷被災した営造物はできる限り移転

❸街路、運河、公園と建築物の耐震・耐火

❹適当な土地区画整理、公共施設の整備

一一月一五日　第一回評議会「復興院案を消極的」として批判

第二に、各種の営造物で被災したものは、必ずしも市内に存置する必要がないものはできる限り移転する。

第三に、街路、運河、公園に意を注ぎ、建築物は今後地震・火災の被害を減らすよう、他日の悔いを残さないようにする。

第四に、建築敷地の利用を完全にするため、適当なる土地区画整理を行い、公共施設の回復と市民の日常生活に必要な施設を整備する。

これらの施設については、都市の自治協力にまつことを本則にするものと、帝都構成の基幹となるが為に自治の運用にまつことが難しいものがあるが、両々相(あい)まって速やかに復興を進める。今回、米国をはじめ列国の同情が日本に寄せられている。これは東京の世界的価値を表示するものである。帝都復興に際しては、須(すべか)らく世界的資金をもって世界的都市を再建する、という気概を持って進もう、と述べている。(55)

参与会の段階では、焼失区域の一部について区画整理を行う、というまだ限定的な方針にとどまっていた。ところが、第一回の評議会（復興院総裁の諮問機関。阪谷芳郎が会長）が一一月一五日に開かれてから、鳩山一郎(はとやまいちろう)、長岡外史(ながおかがいし)、渡辺銕蔵(わたなべてつぞう)、藤山雷太(ふじやまらいた)といった面々が、復興院案を消極的として批判した。特に区画整理について

★**大橋新太郎**（1863-1944）
実業家。新潟出身。大橋佐平の三男で父とともに博文館を設立。多くの雑誌を刊行、日本有数の出版社とする。衆議院議員のち貴族院議員。

★**笠原敏郎**（1882-1969）
新潟出身。都市計画学者。内務省で都市計画担当。震災後、復興局建築部長となり東京、横浜の復興に尽力。日大教授。満洲国建築局長。

は、片岡安（かたおかやすし）や大橋新太郎（おおはししんたろう）が焼失区域の全体にわたって区画整理することの必要性と、復興計画全体に占めるその重要性を明確に力強く主張した。これに関して、復興院技師であった笠原敏郎は次のように語っている。

後藤総裁の時分にこの区画整理をやるという事をお考えになったのは、ああいう偉い人ですから外国の事例とか、色々な方面からお考えになったのでしょう。けれども私どもから想像して、直接非常なる動機になったかと思うのは、日本橋の大橋新太郎さんあたりが、自分の方面を唯道路を拡げるだけでなく区画整理をやってくれ、道路系統から何からスッカリやり直してくれという事を、あの日本橋の真中の土一升金一升の所で、地主の連中が言って来られた事なども後藤さんの区画整理を決心される動機の一つであったのではないかと考えております。その時分にそれならばどんな物を造るか、図面を作って見ろと言われて図面を引いて持って行ったこともございますが、吾々はどうしてもこれをやって貰いたいものだと思って、整理後の図面はできるだけ奇麗に書いて持って行ったりしたことを覚えて居ります（笑い声）。後藤さんはそれを拡げて見られて、「ウン、こうしなければいかぬ」と言われたりしたことがあります。(56)

悩み考えながら編み出した区画整理

また、笠原敏郎は、建築局にいた伊部貞吉（いべていきち）技師が稲葉健之助土地整理局長に幾晩も幾晩も区画整理の講義をし、やっと分った稲葉が「ウム、これでやるより外はない、俺はどうしてもこれでやるように後藤さんに言って来る」と決心の臍（ほぞ）を固めた、と語っている。[57] 区画整理の手法は最初から完成したものがあったわけではない。技師たちが悩み、考えながら一歩一歩「解」を編み出していったのである。このような笠原の語りを聞いた井上準之助の反応が面白い。

> 本当の仕事をする人の方でそういう風な訳だから、後藤さんに分らなかったのは無理はない。時々閣議でも、「君のこの前言うた事と今日の説明とは又違うじゃないか」というようなことがあったが、違う筈ですナ、根本が決まって居なかった……（笑い声[58]）。

この区画整理について、太田土木局長のもとにいた平山復二郎（ひらやまふくじろう）（→76頁）は次のような、貴重な回想を残している。

★平山復二郎（1888-1962）
一九一二年東大土木卒、鉄道院に入り欧米各国へ留学後、復興局道路課長、工務課長を兼務。満鉄理事、満洲電業理事、満洲土木学会会長、土木学会会長等を歴任。

「独裁型」ではなく
徹底討論による合議を通じて
の強力なリーダーシップ

太田氏は表面では、復興院復興局の一局長一部長に過ぎなかったのであるが、実際裏面にあっては区画整理を復興事業の根幹とした張本人だったのである。……最後に区画整理を断行することに定まるまでには、復興院幹部間の意見もまちまちで、幹部会などでは随分激論を交えたものであった。……区画整理を実行することに決定した最後の幹部会も、例のごとく議論は沸騰する。夜は更けて来る、依然として意見は一致しない。その時に総裁は新聞記者に会うとかいわれて一事席を外された。総裁が再び席に戻られた時には、一同も議論をしつくして唯互に沈黙を守るのみとなってしまった。総裁は席につかれるや何げなく沈黙の一坐に「議論は纏（まとま）ったのか」と問われた。その時である。太田氏は「議論は終りました。両副総裁とも御異存はありません」と強く断言してしまった。この瞬間総裁は「それはよかった」といわれた。この一言が最後の断定であったとのことである。後藤総裁としては区画整理を実行して見たい意思を有っておられたに違いないが唯幹部間の意見が一致しないのをどうすることもできず、困って居られたのだと思う。(59)

後藤新平の強力なリーダーシップは、この逸話からも分るように「独裁型」ではなく、徹底討論による合議を通じて発揮されている。

4 ビーアドの再招請そして進言

一〇月六日〜一一月三日

鶴見祐輔は山本内閣の親任式から帰った後藤からこう命じられた。「ニューヨークのビーアドに電報を打って、すぐ来るように言ってやれ。」(60) その電文の訳文は次のとおりである。(61)

震火災のため東京の大部分は破壊されたり。徹底的改造を必要とす。でき得ればただちに来られたし。短期の滞在にてもよし。

一方、ニューヨーク郊外のニュー・ミルフォードの自宅で日本の大震災の報に接したビーアドは、ただちに後藤宛に次の電報を打った。

★チャールズ・A・ビーアド(1874-1948)
米国の歴史家、政治外交史学者。コロンビア大教授、ニューヨーク市政調査会専務理事。東京市政調査会設立や震災後の復興に助力。

　新街路を設定せよ。街路決定前に建築を禁止せよ。鉄道ステーションを統一せよ。

初来日一九二二年九月一四日

米国有数の歴史学者で政治学者、都市問題の専門家

　チャールズ・ビーアド[62]がはじめて日本に来たのは一九二二（大正十一）年九月一四日、関東大震災のほぼ一年前のことで、当時の後藤新平東京市長の招聘（しょうへい）によるものだった。ビーアドは米国有数の歴史学者で政治学者であると同時に、ニューヨークの市政刷新に奮闘した都市問題の専門家であった。後藤は東京の行政改革と都市問題の改善に対する助言と、都市問題についての国民の知識と理解の向上をビーアドに期待したのであった。ビーアドは一九二三（大正十二）年三月までの滞日中、東京市政調査会のオフィスで東京市政の調査研究を行うとともに、東京、大阪をはじめ全国主要都市の視察に赴き、講演は三五回、聴衆は延べ一万人を超えたという。ビーアドの最終報告書が『東京市政論』（東京市政調査会訳、一九二三年一二月）である。

一九二三年一〇月六日

横浜港にビーアド夫妻再来日

　ビーアドは夫人のメアリーとともに九月一三日にシアトル発のプレジデント・ジェファーソン号で出帆し、横浜に着いたのは一〇月六日であった。ビーアド夫妻は灰燼（かいじん）に帰した横浜を目の当たりにした。

　一〇月三〇日、後藤新平に対する覚書として提出したのが、ビーアドの『東京復

一〇月三〇日『東京復興に関する意見』

興に関する意見』である。印象に残るフレーズをいくつか再録しておきたい。

ビーアドは、まず震災前に彼が提出した報告書の概要を述べ、「これらの諸提案は、現在においてもなお適切であると思います。私がこれを大いに強調して述べる所以(ゆえん)は、これらの結論は私の訪問期間中、私に協力せられた東京市政調査会職員および東京市役所吏員諸君が独立に到達された結論と、大体同様であるからであります[63]」と前置きし、帝都復興についても日本側の意見と共通するものが多いことを示唆している。

ビーアドの大首都構想

その最初の項目が、「一都市政庁の下に大東京の都会地域を統合すること」であった。

原文[64]は、"The consolidation of the urban area of Greater Tokyo under one system of government." つまり「大東京都」、ないし「大首都構想」とでもいうべき行政組織の設置である。ビーアドは、「帝都として必要な支配権のみを帝国政府に保留し、この市政庁に大なる地方自治を許すこと」としている。

そして、復興事業の財政基盤を確立するための国庫補助金、不動産評価、新税、土地所有者に対する受益者負担金原則、全交通機関システムの統一と地下鉄の建設等について述べた。

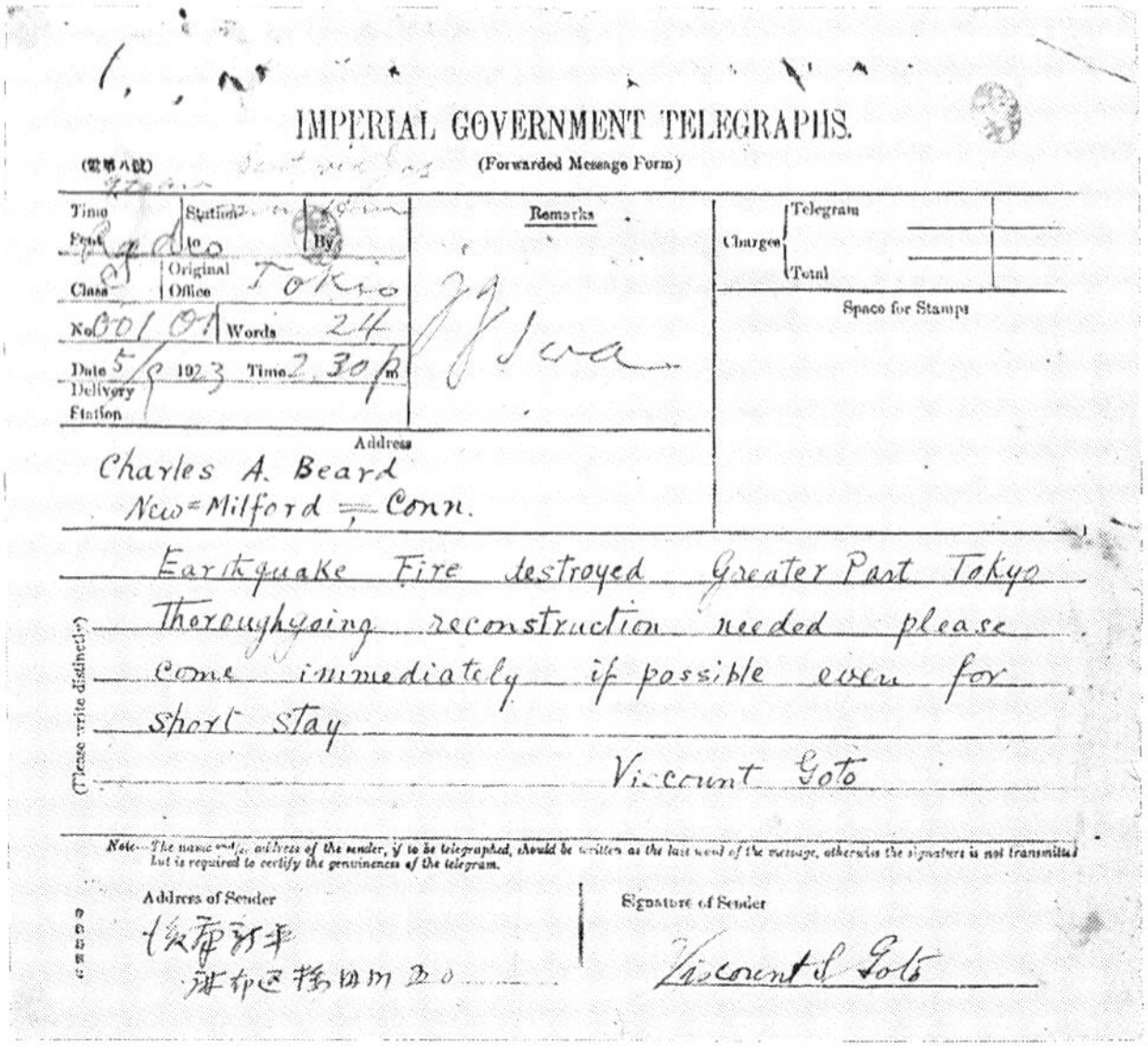

IMPERIAL GOVERNMENT TELEGRAPHS.

(Forwarded Message Form)

Original Office Tokyo

No. 001 01 Words 24

Date 5/9 1923 Time 2.30 p.m.

Address

Charles A. Beard
New=Milford = Conn.

Earthquake Fire destroyed Greater Part Tokyo
Thoroughgoing reconstruction needed please
come immediately if possible even for
short stay

Viscount Goto

Address of Sender

後藤新平
麻布区桜田町20

Signature of Sender

Viscount S. Goto

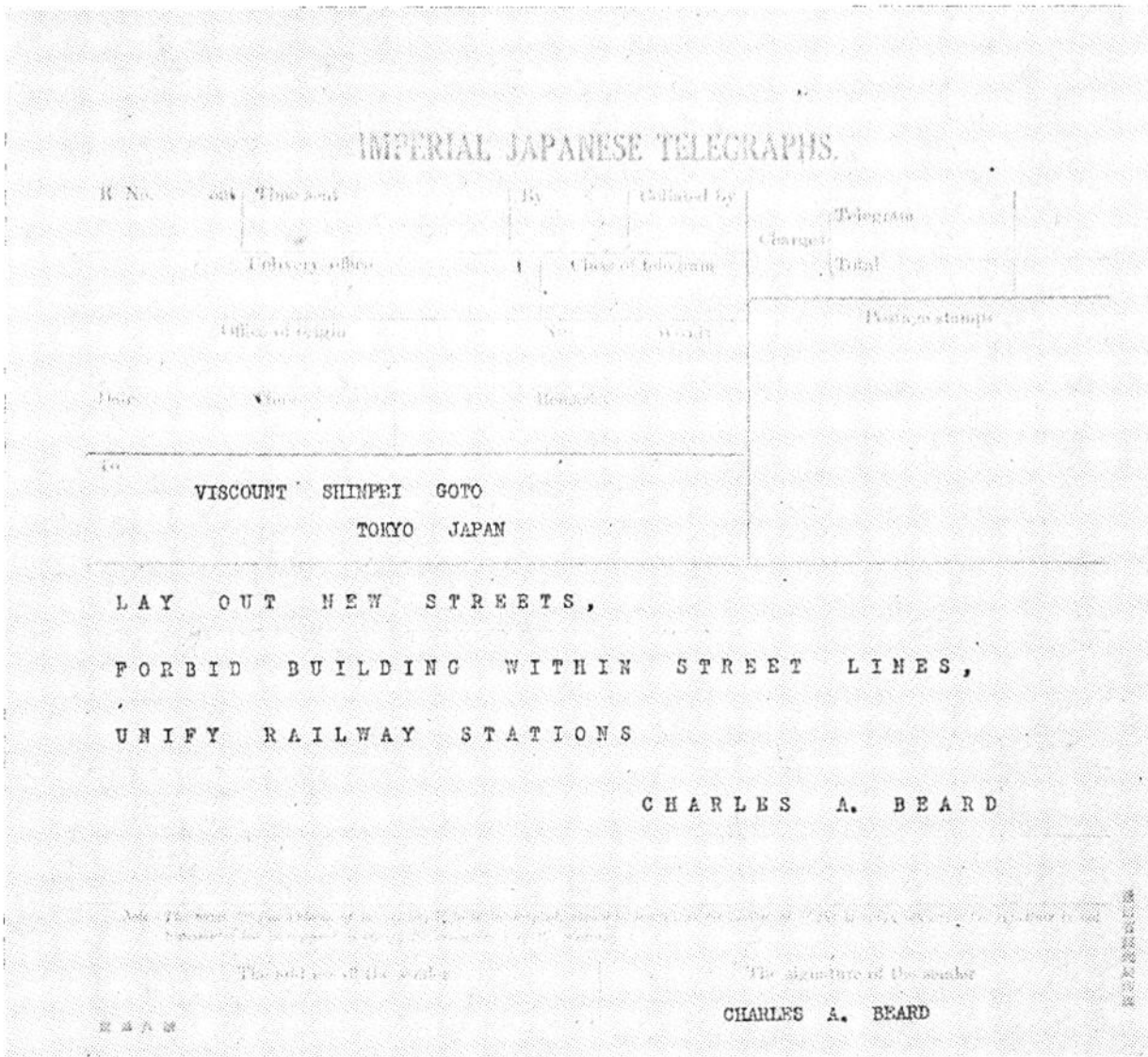

IMPERIAL JAPANESE TELEGRAPHS.

VISCOUNT SHINPEI GOTO
TOKYO JAPAN

LAY OUT NEW STREETS,
FORBID BUILDING WITHIN STREET LINES,
UNIFY RAILWAY STATIONS

CHARLES A. BEARD

The signature of the sender

CHARLES A. BEARD

ビーアドと後藤の電報

1923（大正12）年9月5日　東京市政調査会所蔵

これらを前提として、ビーアドは本論に入り、新路線計画、土地・住宅問題、諸権利の法律的調節、交通運輸組織、復興事業執行機関、建物の建設およびその設計、財政計画、帝都の尊厳および美観に関する考察の一二項目にわたって、記述している。

とくに印象的なのは、帝都の尊厳および美観に関する考察で、つぎのように述べているくだりである。

歴史の舞台は大西洋より太平洋に移りつつあります。日本はこの舞台において、立役を勤めるでありましょう。しかして東京は多くの印象深い場面の舞台となるでありましょう。それゆえに、日本の帝都が、帝都としての特異性をもたねばならぬことは、極めて重要な事柄であります。[65]

しかし、ビーアドは後藤のプランの前途について楽観していなかった。翌年の論説であるから、帝国議会における帝都復興関係予算の決着が着いたあとのことではあるが、ビーアドは次のように書いて、日本の政治に対する彼の観察眼が並みではないことを示している。

政友会は去る一九二〇年の総選挙によって二八二の議席を占め得たのである。そこで、彼等は自党のみで新内閣を組織する権利があると主張したのである。この要求は英国流の代議政治論からいえば、当然の要求であるかに見える。しかし日本の政治の実情は大に英国のそれと趣きを異にする。彼等はなるほど大多数の議席は占めているものの、この多数は決して日本国民全体の多数を代表するものではないのである。一九二〇年に改正された日本の現行選挙法によると、日本の総人口五千七百万人中選挙権を有するものは三百万人に過ぎない。かかる事情であるから、もし摂政宮殿下なり元老なりが政友会を支配する人を首相としたならば、その首相は選挙権なき大多数の国民から非常な反対を受けるに極まっている。しかしてもし反対に政党に顧慮せず、ただ国民の間に信望ある人を選んで首相としても、矢張りその首相の提出する予算案は到底議会の協賛を得難い事情にある。

これが日本の政治構造に関するチャールズ・ビーアドの分析である。

議会の協賛なくしては国家の大事業は一つとして遂行し得ないことは無論で

横浜の廃墟に立つビーアド博士とメアリー夫人
1923（大正 12）年 10 月 6 日 『週刊写真報知』 第 1 巻第 2 号より

あるが、さりとて現在のごとき議会を相手にしては、デモクラシーの精神に基いて考案された進歩的な遠大な計画は一つとしてその協賛を得難いのである。かくのごとく、山本―後藤の連立内閣は実の処、大なる都市計画を実施するに必要欠くべからざる要素――即ち権力を欠いていたのである。

――チャールズ・ビーアド「後藤子爵と東京の復興」[66]

山本―後藤の連立内閣は、権力を欠いていた

ビーアド―後藤書簡 一一月三日付

ビーアドは帰国直前、一一月三日付で後藤新平に対して書簡を送っている。[67] それはこう始められている。

我が親愛なる友よ。
世界の眼は日本の上にある。
死せる十万の男女小児の声々は叫ぶ。
その価五十億を算する財宝焼土と為って横わる。
世界の眼は皆後藤の上にある。
……
彼にしてもし、このたびの災禍の再発を防止するに緊要なる大計画を樹立し

後藤新平とチャールズ・ビーアド
東京市政調査会所蔵

かつこれを死守するあたわずんば、彼や正に大危機の要求する期待に背きたりと言うべきである。

彼にして失敗せんか、これ日本の失敗である。

……

今貴下に向って呼びかけるものは日本である。

現在の日本と将来の日本とである。

……

もし、評議員会および内閣が次回の災害を防止する為めに絶対的に必要なる事項を承認せざるに於いては、貴下は首相に辞表を呈出して引退せらるべきである。

……

ポリティシャンのごときは数うるには足りない。政治的名誉のごときも無価値である。

普通選挙は時の経過と共に不可抗力的に到来するであろう。ただここに貴下に繋がり貴下のみに繋がる一事がある——即ちそれは数百万民衆の安全と幸福である。

★**中村是公**（1867-1927）
山口出身。台湾で後藤の下で土地調査に従事、第二代満鉄総裁となり後藤の経営方針を忠実に実行。永田秀次郎の後、東京市長。貴族院議員。

……

さらば我が親愛なる友よ。今日を目標として建設することなかれ。希くば、永遠を目標として建設せられよ。

誠実且つ忠実なる

チャールズ・エー・ビーアド

この手紙を筆者〔鶴見祐輔〕は、仲小路〔廉〕の家に持っていって読んで聞かした。仲小路はほろほろと落涙した。『外国人ですらそう言うんだからなあ！』そういって泣いた。そうしてその翌日は仲小路はまたまた伯の処へ怒鳴り込みにいった。それから筆者はこの手紙を、中村是公に読んで聞かした。感情家の彼はまた、ぽろぽろ、ぽろぽろと止めどなく涙を流した。『君、それを大将に読んで聞かしたかい？』と彼は激しい声で筆者に訊いた。『聞かしました。』『なんと言ったい？』『それは腐儒〔用をなさぬ学者〕の意見だ、と言いました。』『なんだって？』そういって中村は怒った。そうして彼もまた、伯の処へ怒鳴り込みにいった。[68]

桂太郎「後藤は友達は沢山持っているが、子分は持っていない」

こうして、涙を流しては、次々と後藤のところに怒鳴り込む人々が周辺にいたというのが面白い。阪谷芳郎によれば、桂太郎はかつて「後藤は友達は沢山持っているが、子分は持っていない」と評したそうである。(69) うるさい子分がいないから始末が宜しい、というのである。後藤の人間関係の一面をよく表している。

5　紛糾する第二回帝都復興審議会　一一月二四日

一一月二四日
第二回帝都復興審議会

九月一九日、内閣最高の諮問機関として設立された帝都復興審議会は、翌々二一日に第一回の会議が開かれてから、復興計画の具体案が復興院で作成されるまで、事実上開かれなかった。一一月二四日、審議会は再び開かれた。

果然、審議会において、伯の復興計画は、囂々たる非難の渦中に巻きこまれた。これが帝都復興計画の遭遇せる最初の台風であった。しかもあに図らんや、

伊東巳代治の反対論

それは、計画の狭小姑息なるを非難する声にあらずして、その過大夢想的なるを攻撃するの声であった。十一月二十四日俄然、風は方向を転じたのだ。(70)

議長山本首相の挨拶、宮尾幹事の議案朗読、後藤幹事長の挨拶のあと、委員の江木千之がまず反対論を述べ、審議会の空気が冷ややかなものになった。次に、伊東巳代治が立った。

★**伊東巳代治**（1857-1934）長崎出身。官僚政治家。帝国憲法に精通。貴族院勅撰議員。シベリア出兵問題で後藤と議して親しかったが、震災復興計画には先頭に立って反対した。

伊東巳代治は、頭脳の明晰にして、理路の整然たる点においては、当代随一とまで称せられた政治家であった。特に「憲法の番人」をもって任ずる彼が、枢密院において、滔々と法理論を始めるとき、いずれの内閣の閣僚といえども、怖気をふるわぬものはないといわれた。彼はそれほどの論客であった。……その伊東巳代治が起ったのである。しかも彼は劇烈なる反対論をなすべく立ち上がったのである。(71)

しかし、問題は伊東が論客だという点にあるのではない。鶴見の筆致も激しい調子を帯びていく。

それは伯にとって意外千万なことであった。伊東は伯の親友であった。……しからば伊東は、何のゆえに、多年の友情を裏切って、伯の生命を賭して計画せる帝都復興案に、かくのごとき絶対的反対を試みたのであるか。(72)

たびたび引用する『帝都復興秘録』には、伊東の「直話」が載っている。伊東は座談会に出たのではなく、個別の取材に応じたものが談話筆記にまとめられ収録されたのである。鶴見は伊東の話を引用する。

元来自分は、後藤伯とは、兄弟も啻(ただ)ならぬ仲で、長短共に互に知り抜いているいわゆる肝胆相照(かんたんあいて)らすの仲であった。伯は常人から見ると、レールを外れた様に見ゆることもあったが、実に奇想天外より落つる底の人であった。詔勅の御趣旨を体して復興の実を挙ぐるの計画を立てるにははまり役であった。(73)

伊東巳代治の論点

❶復興院の計画が大きすぎる

伊東巳代治の論点を要約すれば、つぎのようなものであった。(74)

第一点は、復興院の計画が大きすぎるという点であった。都市計画というより帝都の新造のようで、財政的にも実行可能性が疑わしいとする。民心の安定こそが「大詔」の趣旨に沿ったものである、との主張である。「帝都復興の詔書」は伊東が草案を書いた。

❷財政的困難

第二点は、国家財政の状況が厳しい折に、さらに多額の起債をすればその利払いが困難になる、という懸念である。そして、復興にあたっては土地買収費が巨額になり、土地収用にも多額の公債支弁が必要となるとして、収用される土地価格を論じ、土地所有者の利害に言及した。この論法が次のような批判をもたらした。

> かくのごときは東京市に広大なる土地と家屋とを所有する大地主の議論としては、あるいは当然であったかも知れない。しかしもしこの説を容るるならば、帝都の復興ということは、全然不可能となるのである。市民は依然として、旧時のごとく、不便にして不経済、非能率的なる「村落の集合」のごとき都市に生活しなければならぬのだ。それでいいのであるか。伊東はそれでいいというのだ。彼は明白に、復興は非なり、復旧たるべしと述べたのである。[75]

❸商工業・教育に重点を

伊東の論点の第三は、商工業の復興、教育の復興に重点を置くべきだ、という主

❹区画整理の手法に疑念

張である。そして、第四に、憲法第二七条の所有権の規定を論じて、区画整理の手法に疑念を呈するのである。

鶴見はつぎのように慨嘆している。

> 彼がなぜに三十年来の親友たる伯の心血を注いでつくり上げたる復興案を、かくのごとく悪罵冷評したるやは、彼の長々しき反対論のみを見る者には理解しかねるところであった。しかのみならずこのときの彼の大胆なる反対論は、後に政界の他の反対者の腰を強うして、帝都の復興計画はついに一大挫折を見るにいたり、日本国民は、その有機体の中枢神経たる帝都を、科学的かつ芸術的に再建する機会を失ったことは、まことに遺憾であった。[76]

さて、伊東の反対論に対して、午後再開された審議会で後藤は答弁に立ったが、鶴見の見るところ、後藤のこの弁明を聞いた者には、あまりにしどろもどろに感じられたかも知れない、「禅学問答的な」弁舌であった。高橋是清（政友会総裁）委員も反対意見を述べ、政府案はこのままではすまない形勢となっていく。最後に、渋沢栄一が立って、議論がこのまま行き詰っては東京横浜の市民が困るから早急に修

帝都復興座談会の第一夜（1930年3月25日）

（座っている人、右から）船田中、池田宏、堀切善次郎、牧彦七、永田秀次郎、水野錬太郎、阪谷芳郎、長岡外史、宮尾舜治、星野錫、中川望、森本泉。

（立っている人、右から）福田重義、岡野昇、河井弥八、笠原敏郎、佐野利器、大岡大三、折下吉延、山田博愛、月田藤三郎。

『帝都復興秘録』より

一一月二七日
特別委員会で「協定案」の報告

正案を立案すべきである、と主張した。この結果、伊東巳代治を委員長とする特別委員会が設置されることになった。特別委員会は一一月二五日、二六日に開かれ、二七日に「協定案」が報告され、了承された。この結果、東京築港・京浜運河の削除、道路の縮小（路線、幅員）、完成期限の短縮（五年）など、政府案は大幅に縮小されることとなった。

後藤新平文書に現存する後藤の山本首相宛て、一一月二五日付の文書がある[77]。それは、「帝都の復興は、小にしては都市、大にしては帝国の『ルネサンス』に関する重大事たり。」と始められている。途中にも「帝国の『ルネサンス』を達成するを得て山本内閣成立の意義を認むることを得んか。」と、「帝国のルネサンス」という表現が出てくる。後藤の理念の高さが想像される表現である。

復旧か、復興か。松本剛吉の政治日誌『大正デモクラシー期の政治』には、平田東助内大臣や三浦観樹将軍の次のような発言が記録されている[78]。伊東巳代治と意見、感覚を共有している要人は多かった。

平田東助内大臣（九月二四日の条）——頗る憂慮に堪えざること多く、又都市計画

★平田東助（1849-1925）
山形出身。官僚政治家。後藤とは、第二次桂内閣、大隈内閣、寺内内閣の時期に、主に外交問題で議し、元老山県有朋とつながりが深かった。

★三浦観樹（1847-1926）
山口出身。軍人、政治家。梧楼。観樹は号。陸軍中将。駐朝鮮公使の時、閔妃暗殺に関与して投獄さる（のち無罪）。晩年、政界の黒幕として活躍。

等と唱え、後藤は例の大風呂敷を拡げおる様であるが、とても尻の結べることはできず、近き例としては市長及びヨッフェ問題を見ても判る、審議会を作ったり大きな議論をしている様だが、纏りのつかざることと思う。……市の復興策も今少し早くいわゆる拙速を尚ぶということが良いではないか……余り大きな風呂敷を拡げ締括りのできぬ事を永くやるより、拙速を尚び御上のご心配を煩わさぬよう、又市民が一日も早く安心するようにせぬと、必ず政憲両派より臨時議会開会の説などが出て、国民挙がって大騒動を持ち上げはせぬか……

三浦観樹将軍（一〇月八日の条）――復興院と言うが、実は復興院でなく復旧事業でなくてはならぬ、昔の火事の名物なる神田の焼跡始末などのことを知らぬ連中がテーブルの上のみで絵図面を拡げて詮議のみを為しおり、灰掻きもせず、この震災を利用して審議会などを拵え、大石（正己。元農商務大臣）などを入れ、新政党組織の下拵へなどを為すとは先が見え過ぎて可笑しくてならぬ、風呂敷を拡げその括りのできぬは後藤の病気である。

復興審議会の議論と協定案を受けて、帝都復興院では審議会が閉幕した一一月二

区画整理は焼失地域全体を対象に

七日の午後には幹部会が招集され早くも善後策の検討に入った。この結果、幹線道路の幅員は当初二四間と予定されたものは二二間に、二〇間のものは一八間にそれぞれ縮小する、東京築港と京浜運河は復興計画では見合わせる、東京市の下水道は審議会の意向を考量して国の計画とすることなどを決めた。ところが、土地区画整理については、焼失地域全体を対象とするものに拡張する、という大きな方向転換を行っていくことになった(79)。

一一月一五日
帝都復興院の審議機関である評議会、第一回総会

区画整理の手法と事業が、帝都復興事業の中で、決定的に重要な位置を与えられたのであった。一方、帝都復興院の実際上の審議機関である復興院評議会との調整も難題であった。評議会は一一月一五日に第一回総会を開き、五つの小委員会に分かれて検討していたが、復興院の原案の規模を越える意見が多く出されていた。拡大基調で進んでいた評議会に、思いもよらない審議会の決定が飛びこんできた、というわけである。

一一月二九日
第四特別委員会

一一月二九日に開催された第四特別委員会とそこにおける後藤について、中邨(なかむら)章(あきら)氏は「震災復興の政治学」で次のように述べている。

審議会の決定事項に論議が集中した。はじめに大橋新太郎、鳩山一郎、藤山

雷太の各委員から、今回の評議会の意向を無視したような審議会の言動に対し、政府側の所信をただす質問が出た。これに答えて後藤は、審議会の修正案がかならずしも復興策の全面否定を意図したものではなく政府の基本姿勢を十分に残していること……などを指摘し、評議会委員の慰撫につとめた。……それらの他にもさまざまな論点を上げ、後藤は政府がいささかも評議会を軽視するものでないことをくり返し強調した。

そのような答弁に対して、評議会委員の中には審議会を老人の集まりと決めつけ、その無用論を説くものもいた。評議会のこの特別委員会における政府側出席者、ことに後藤の立場がきわめて微妙であったことは想像に難くない。審議会の暴挙をなじり、その無用説を主唱したかったのは、後藤が一番であった。ところが立場上、審議会を直截に攻撃してこれ以上紛糾することは許されなかった。逆に評議会では審議会案のセールスマンを任じなければならない羽目に陥った。その後藤の内心たるや忸怩たるものがあったと推量される。(80)

なお、復興審議会における特別委員会の協定では政府が準備した帝都復興計画法案について意見を留保した。そのため、審議時間の関係から政府はこの法案の成立

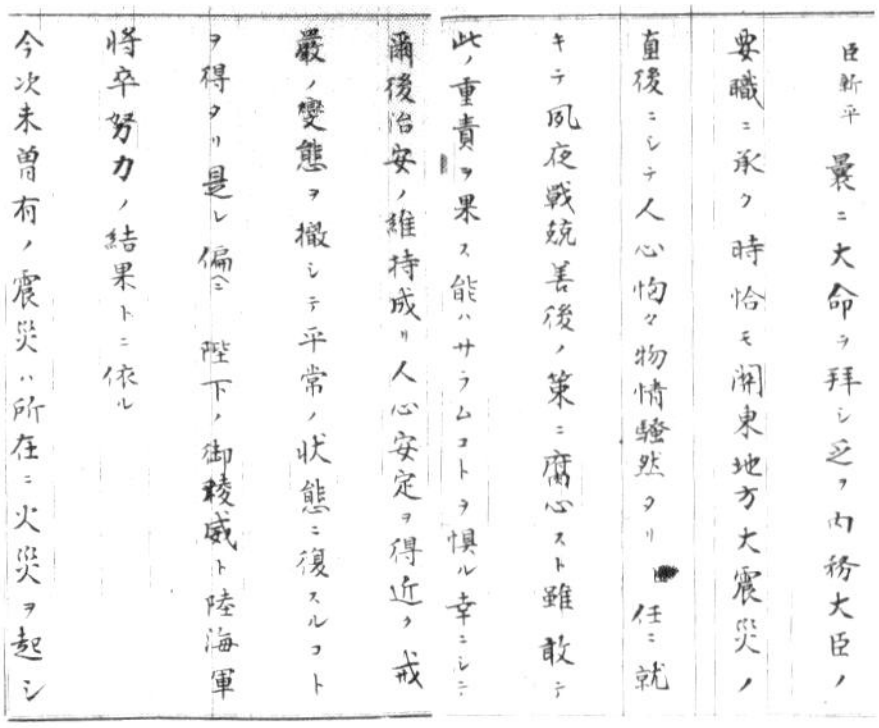
臣新平曩ニ大命ヲ拝シ乏ヲ内務大臣ノ
要職ニ承ク時恰モ関東地方大震災ノ
直後ニシテ人心恟々物情騒然タリ 任ニ就
キテ夙夜戦兢善後ノ策ニ腐心スト雖敢テ
此ノ重責ヲ果ス能ハサラムコトヲ惧ル幸ニシテ
爾後治安ノ維持成リ人心安定ヲ得近ク戒
厳ノ變態ヲ撤シテ平常ノ状態ニ復スルコト
ヲ得タリ是レ偏ニ　陛下ノ御稜威ト陸海軍
将卒努力ノ結果トニ依ル
今次未曽有ノ震災ハ所在ニ火災ヲ起シ

▶後藤の「内相進退伺い」

★大杉栄（1885-1923）
香川出身。無政府主義者。幸徳秋水の影響。『近代思想』創刊。ベルリン国際無政府主義者大会に出席。震災時、後藤に借金をする。伊藤野枝らと共に虐殺さる。

をあきらめ、土地区画整理事業の遂行上どうしても必要な事項のみにとどめ、都市計画法の特別法を制定することに方針転換することになった。(81)

復興審議会の結果は、かくて山本内閣にとって大きな政治的な痛手となった。次の政治日程としては、政友会が待ち構えている臨時議会の開催が一二月である。大正十二年一一月の日付の後藤新平の「闕下に奉呈せんとしたる待罪書」(82)すなわち天皇に対する「進退伺い」が残っている。おそらくこれは用意されたが提出はされなかったものであろう。しかし、辞任理由を見ると内務省庁舎を焼失したことと、朝鮮人をめぐる流言飛語と自警団による無辜の民殺傷による治安責任の二つが挙げられており興味深いものである。

後藤はこの年二月から八月まで及んだヨッフェとの交渉に関して、労農ロシアを利する危険思想の持ち主として攻撃された。大震災中、甘粕正彦大尉により大杉栄らが殺害されると、これに関連して、後藤が寺内内閣の内相だったときに大杉に金を渡したことが問題となった。(83)政友会は臨時議会が始まると、小川平吉らを質問に立ててこのヨッフェと大杉の問題を捉えて後藤を批判した。(84)このころ、後藤は相当追い詰められていたのではなかろうか。

6 臨時議会

一二月一一日〜二四日

臨時議会での後藤の行動、とくに政友会との対決と妥協を見ていく上で、議会と政党を中心とする後藤の政治思想を知る必要があり、それを知る上で「大乗政治論」は興味深いものである。まず、その一部を紹介しておきたい。

「大乗政治論」

国家は一人のための国家ではなく政府は一人のための政府ではない。したがって、責任を国家に負うものは必ず無私の心で奉仕し、常に国民とともに、国民のために貢献しようと目指さなければならない。そして私は、この根本観念を明確にする要義として、多年、自治の心を養い育てることの必要を力説し、自助自立の思想を充実させることを唱道してきた。私はいつも言った、政府の理想は、大乗〔利他、衆生＝国民の救済〕の見地を持ち、進んで修することを休まず、わずかでも退くことがないことに在ると。……その意味は、まさに自治の精神を激励し拡充するものでなければ、国家社会に対して無私の貢献は期待できな

いと信ずるからである。(85)

「自治の精神」

「自治の精神」は、この「大乗政治論」全編を一貫して流れる、そして首尾一貫した後藤の思想である。

無党派こそが国民とともに、国民のために最善を尽くす道

私はまた、政権の争奪にもっぱら心をいらだたせるいわゆる政党的行動に味方することを、いざきよしとはしない。もちろん、私はどのような内閣に対しても、あえて反対するための反対運動を行おうとは思わない。むしろ、その短所を補い、その弊害を正し救うために互いに協力することを本旨としてきたのである。これこそ、私が常に政府を超越し、政党を超越して、私の微力の許すかぎり、自己一身を犠牲にして、国民とともに、国民のために最善を尽くすことを願ったためである。言いかえれば、私は、いわゆる政党的行動の外に、自身一個の良心および理性によって、無党派的に国家社会をたすける道しかないと自覚したためである。(86)

「政党の外に」、「無党派的に」という立場こそが、後藤が「国民とともに、国民

のために」最善を尽くす道なのである。

この「大乗政治論」が大正十二年一〇月三日という日付けで書かれていることは、後藤が当時の政治情勢の中で自己の信念を再確認したということであろう。この信念は、政治史と政局における後藤の出処進退を見る場合の重要な視点ではなかろうか。

後藤の普通選挙論

さて、「政治史」の中の後藤である。政府の作成した帝都復興計画案の「前門の虎」が伊東巳代治と復興審議会だったとすれば、「後門の狼」は臨時議会における政友会であった。政友会が後藤を攻撃対象とした大きな理由のひとつは、後藤が普通選挙法の早期実施について積極的であり、これを警戒した政友会が後藤を標的にしたことにあった。鶴見はこう分析している。

伯の普通選挙論が、世に行わるる人民平等の理想から出発したものでないことは、上に述ぶるとおりである。しかしながら、山本内閣が生くる一つの重要なる途として、伯が普通選挙の題目をとりあげたことは、さすがに伯らしい着眼点であったと思う。何となれば、当時衆議院に絶対多数を擁する政友会が、彼らのいわゆる立憲政治論、すなわち具体的に言えば、政党内閣の主張を提げて、山本内閣に反撃し来たることは、必至の勢いであった。伯が独自の論法により、その政党政治論を否定せんとしたことは、上掲の口述のとおりである。しかし議会における勝敗は、こうした理論闘争によっては達せられない。最後の決定者は多数である。しからばたとえ「不自然なる多数」にもせよ、事実上の絶対多数を敗る方法はどこにあるか。解散、そして総選挙よりほかにない。いったん総選挙となったとき、国民多年の要望たりし普通選挙こそは、政府側にとっては、最も好個の題目ではないか。少なくとも、普通選挙という一大巨弾が、政党政治家ならびに国民大衆に与うる波紋は大きい。その波紋と動揺とに乗じて、政治的勢力の分野に何等かの変化を起こさしむることも、決して不可能ということはできない(87)。

政友会が圧倒的第一党

話がいささか前に進みすぎた観がなくもないが、普選と政界再編という山本内閣をめぐる政局の動向、その焦点に立つ後藤内相の去就、という「政治の構図」を描くことによって、震災復興の政治史が見えてくる。

帝都復興計画を審議する第四七帝国議会（臨時議会）は、大正十二年一二月一〇日に招集された。当時の衆議院四六四議席のうち、政友会が二八六、憲政会一〇二、

一二月一一日
第四七回帝国議会（臨時議会）開催

革新倶楽部四二、庚申倶楽部二四、という構成で、政友会が圧倒的な第一党であった。

さて、臨時議会である。一二月一一日に政府が提出したのは、帝都復興予算案、帝都復興計画法案、臨時物資供給令、および臨時物資特別会計令の四件であった。

帝都復興予算案は、総額五億七四八一万六〇四九円で、復興審議会に提出した政府案総額七億二九七万八〇〇〇円と比較すると、一八％減、約二割近く縮小されていた。そのうち東京復興費は四億二七九万三〇〇〇円で、これも同様に一八％減額になっている。東京復興費の内訳は、街路費三億二一八二万三〇〇〇円、運河費二八五七万円、公園費一一九〇万円、土地整理費四〇五〇万円で、港湾費（河口改修）はゼロとなっていた。

議会の日程は、一九二三（大正十二）年一二月一一日、開会。一二日、貴衆両院委員選挙。一三日、国務大臣の演説、両院とも質問戦に入る。衆議院では一四日に各議案委員附託。一五日から予算委員会、帝都復興計画法案委員会、臨時物資供給令ならびに同特別会計令委員会が開かれた。

一二月一九日
政友会の修正案提出
❶土地整理費の削減

衆議院予算委員会において政友会の修正案が提出されたのは、一二月一九日、第四回委員会であった。島田委員の説明を要約すると、（一）土地整理費のうち、東京分を三一七五万円、横浜分を三九一万七〇〇〇円、合計三五六六万七〇〇〇円削減する。土地整理は街路修築に関係する部分のみ政府が行い、それ以外は地主組合の事業とする、(二)幅員一二間以上の街路は国の事業とするが、それ以外は自治体の事業とし、東京、横浜の街路費合計七〇七一万二〇〇〇円を削減する、というものであった。土地整理費と街路費の削減額は、合計一億六三七万七二〇〇円となる。

鶴見祐輔はこうコメントする。

> 四億四八〇〇万円の復興事業費に対する一億六〇〇〇万円の削減は、政府にとって、致命傷と言わねばならない。だがこの修正案の内容を子細に点検すれば、この予算の削減は、必ずしも、復興計画の削減を意味しなかった。何となれば、政友会は単に、国において執行する復興事業の一部を、地方公共団体の事業に移すべしと主張するに過ぎなかったからである。……しかし、これを政略上より観るとき、政友会はこの修正案の提出により、一石二鳥の利をもくろんだものであった。一億円以上の予算大削減は、政府に致命傷を与うるに足る。しかも彼等はこれによって、帝都復興計画を破壊せりとの非難を免れ得るのだ。[88]

政友会は「政略」の第三の矢を用意していた。帝都復興院の事務費七〇万二四一

❸復興院事務費の全額削除（帝都復興院の廃止）

○円全部の削減、つまり帝都復興院の廃止である。島田は「復興院というような御祭騒ぎ的なことをやるよりは、地味に内務省の一局として特別な臨時の係りを設けて」やるほうが「時勢に適応する着実穏健なるやり方で」ある、とたっぷりと嫌味を効かせた。結局、この修正案が衆議院を通過した。

鶴見は、このことは「匕首を伯の咽喉に擬するものであった。」と表現した。そして「衝突か、屈服か」。

復興の実をとるため政友会案を受け入れる

政府は一九日午前八時から緊急閣議を開き、政友会修正案への対応を協議した。『東京朝日新聞』の報ずるところでは、[89]山本首相が政友会の修正案は実行可能かどうか、と後藤復興院総裁に質したところ、後藤は単に事務上から見れば必ずしも実行不可能ではない、と応えたので、山本は当局者たる後藤総裁が実行可能と認める以上、政府の面目とか威信とかはこの際帝都復興事業の為めにしばらく忍び政友会の修正に同意なすべし、という意見であった。犬養、田、平沼は、この修正は政府不信任と同じであるから、断固衆議院を解散して是非を国民に問え、という意見であった。しかし、復興院総裁たる後藤内相が、自己の面目威信を帝都復興事業の為め偲ぶということで、山本首相も同様なので、政友会の修正に同意する、という結論になったのであった。

伊東忠太自筆・震災復興関係カリカチュア
1923（大正 12）年頃　日本建築学会建築博物館所蔵

後藤新平自身はこの事態をどう見ていたのか。

帝国議会においては審議会の消極説（衆議院）と評議会の積極説（貴族院）との二潮流を反復した。……いかなる反対論もついに復旧よりも復興に傾き、常に絶対不可能な修正をもって反対できなかったことを認めた次第である。ゆえに予は多くの誤解または障害に会うごとにますます予の責任の重大さを思い、いよいよもって予の存在が必要であると自ら信じた。

臨時議会に加えられた修正なども決して帝都の復興を絶望的にしたものではない。……結局これは形式上のことである。修正のための修正である。さらに極言すれば一個の後藤新平を落第者とするためにこのような修正を行ったものと解せられるとまで世評に上ったのである。(90)

政友会が後藤新平の失脚を狙った理由と背景について、持田信樹は震災復興過程を財政史、経済史の観点から詳細な分析を行い、復興財源をめぐる井上大蔵大臣の方針が政治的争点を作り出した一因である、とつぎのように論証している。(91)

井上蔵相の帝都復興に関する根本方針は、復興財源を増税によらず、内外債発行によって調達する、ただし、その公債利払いは確定財源である一般会計の剰余金で充当する、というものであった。ところが、剰余金の予想額、すなわち公債利払いの最大限度を割り出すには、一般会計予算の調整を経なければならず、この予想を将来にわたって立てなければならなかった。そのため、本来土木事業である復興計画が、剰余金配分をめぐる復興院と各省の復活要求との政治的対立という回路を通じて、政治的争点に転化しはじめた。

後藤の構想に対して示された七億円というガイドラインは、井上蔵相が回想しているように「当時考えうる最高極度の案」であったのである。財政の掣肘（せいちゅう）を最も被ったのは、むしろ、政友会の積極政策であった、とする。

持田は、政友会の幹部や地方組織の動向、臨時政務調査会に設置された財政経済特別委員会における復興予算の検討を通じて、「政友会の震災復興の立脚点は一言で要約すれば、『帝都復興』でなく『東京横浜復旧』であった。震災復興をめぐる後藤新平と政友会との決定的分岐点は、まさにここにあったのである。」と結論付けている。

帝都復興院計画局長であった池田宏は、衆議院政友会による予算の大削減を飲まざるえない、という状況であったとしてこう語った。

あの時天下に対して声明書を出されたが、それは新聞にも載せられなかった程で、新聞ももう顧みないという風でありました。その中にこういう文句がある。

帝都の復興は事百年の大計に属し、いささかの遺漏なきを期すといえども窮迫せる市民の現在に鑑み、忍び難きを忍びて、姑らく議会の修正に同意を表し、他日を期して完きを期せんとす。(92)

「忍び難きを忍びて」

「忍び難きを忍びて」という箇所に、後藤新平の万感の思いが託されている。

7　後藤新平の役割とは何だったのか

震災復興における後藤新平の役割とはなんだったのか。最後にこの点について、複数の異なった視点から少し考えてみたい。
第一の視点は、後藤自身が「後藤新平の一二〇日」をどう見たのかという点。
第二は、復興事業に深く関わった同時代の政治家の目に後藤はどう見えたのか。
第三は、近代日本すなわち「帝国日本」の都市計画史を中心とした歴史の視点から。

一

「失敗の原因」と「僅微なる成功の痕跡」

後藤新平は「復興事業ノ成敗ニ関シテ東京市民ニ告白ス」と題された未定稿(93)を残している。それによれば後藤は、「失敗の原因」を一三項目、「僅微なる成功の痕跡」を七項目列挙している。

この走り書きは、後藤が関わった「一二〇日の復興事業計画」を基本的には「失敗」だったとみなしていること、にもかかわらず「復興への芽生え」とみなせる点があること、の両面を示している。だが、なによりも、後藤新平という人物が自分の仕事について客観的に省察する知性と習慣を持っていることを私達に感じさせる点が興味深い。そして、「三百万市民に告ぐ」と同様に、ここでも後藤は「東京市民への告白」という姿勢で事態を分析しているのである。

「失敗の原因」として、後藤は第一に「帝都復興の意義に対するわが国民の理解

国民の理解が不十分

が十全でなかったこと」を挙げている。復興審議会の意見、帝国議会における修正もこのことを語っている。この修正を単に不純政党横暴の罪にすることはできない。なぜなら「不純政党といえども、国民のよく理解した監視があったならば、「予算修正を」強行する蛮勇はなかったに違いない。本来国民にその知識がなくその理解がなかったのである。」と後藤は書く。

「国民の理解」ということに関して後藤は、「新聞雑誌の力によって次第にこれは啓発されたが、その紙上の議論として後世に残すべきものがどれほどあるか」と疑問を呈し、「各学会の建議書または演説には、有力なものが実際のところ若干あった程度だろうか。今日から見てこれを省みれば明白であるだろう。」と判断する。

大調査機関の欠如

つぎに後藤はやや謎めいた記述を残している。「後世から当世を省みたとき、後世の非難を免れないだろう事実は雄弁に語ってつまびらかであろう。遷都論もその一つである。経済論もその一つである。」としたあとで「帝都復興費は、帝国経済復興網を通してその用が完全となることを覚らないところにあった。これはいわゆる大調査機関の欠如という罪悪があるためにこの祟りを見た惨状であることを未だに覚らないのである。」と添え書きしているところである。「大調査機関の欠如」ということは、裏を返せば、もし後藤の年来の構想である「大調査機関」が存在していれば、その調査成果として「帝国経済復興網」がありえただろう、そうすれば復興予算の完全な活用が可能になっただろう、という主張だと思われるが、それにしても「網」とはなんだろう。

前にも引用したが、井上準之助が『帝都復興秘録』の座談会の中で、こんな発言をしている。後藤の「復興経済」についての考え方がほの見える。

> それからモウ一つ面白いことがある。後藤さんが、実業網と言ったか、何と言ったかよく覚えていないが、非常なテクニカルな言葉を使って、復興計画というものは実業網を通してすることが一番正しい復興ができる、こういう事を言われた。……要するに復興を図るについては、東京市が多少金を使うが宜しい、しかもその金を使うのも自己が直接使うよりも寧ろガスのごときものも市が買収して市営をやる、そうすればその金は東京市民に落ちる、それがむしろ復興を正当にして行く途じゃないか、こう言うのである。これは私は非常に宜しいと思う。[94]

「失敗の原因」の最後、一三項目には「議会解散を行うべきところに躊躇逡巡

解散か、妥協か

して勇断を欠き、大削減を被（こうむ）り、議会に服従し、不名誉なる因循微力（いんじゅんびりょく）の内閣であるという誹（そし）りを免（まぬが）れないうちに引責総辞職するにいたったこと。（解散すれば、不敬事件も起こらなかったとまでの批評を被っていること）」と後藤は書いている。解散か、妥協か（世間は屈服と見た）、後藤はぎりぎりまで迷ったようである。「もし解散していれば」というのは、いわゆる「歴史のイフ」であろう。解散が帝都復興にプラスとなるためには、選挙が政府に有利な結果に終わり（政友会が敗北する、ということのみでよいか、話はもっと複雑である）、新内閣の閣僚に後藤が復興担当として留まり、復興予算が無傷で新議会を通過し、等々といういくつものハードルを越えねばならない。復興計画は不確実の森に迷い込むだろう、というのが後世の筆者の判断である。

「帝都復興の議」大要が採用

さて、一方、「僅微なる成功の痕跡」、「不幸中の幸福」である七項目のトップは、九月四日起草、六日の閣議において「帝都復興の議」を提案したこと。その大要は採用され、二要件中一つは採用され、一つは講究に付されたこと、を挙げている。前者は独立機関の設置と必要経費の原則国費支弁であり、講究つまりは否定されたのは「焼土全部買上案」である。復興審議会における意見も、当初は「復旧」を第一義とする消極説が起こったが（伊東巳代治の反対論のことを指す）、翻然（ほんぜん）として「復興第一主義」に改めて修正意見一〇項を委員会に定められたこと（協定案のことを指す）を、それなりに後藤は評価する。

衆議院における「不純多数党」（政友会）の予算削減についても、後藤はうがった見方をしている。幸い不純多数党の内閣になれば、口実を設けてこれを増加し、その党勢拡張に利用するかもしれない、というのである。臨時議会における予算修正も、高橋是清・政友会総裁は復興審議会のときの説を踏襲するきらいがないではないが、「さすが大政党の面目」として消極的復旧に陥る行き詰まりを避けて、逃げ道を塞（ふさ）がないように苦心した痕跡がある、というのである。

したがって、「これを辿れば、将来当局者の補正努力に待って完成すべきものが多いとはいえ、その復興の基礎は一定して眼前ならびに将来の不安を除却し」えた、と展望するのである。実際、翌年の第四九議会で、太田圓三等の復興局関係者の政友会に対する熱心な働きかけもあり、一億円余の追加予算が認められることとなった。

また、後藤は「将来の当局者の中でも、東京・横浜の市当局者の労は更に多大で、市民の諒解協力に労するものが多大であるから、一段と市民は奮起努力すべき覚悟が切要である。」として、これは後藤が復興事業の「顛末（てんまつ）を市民諸君に告げて復興の大成に貢献しようとするまごころにほかならない。」と結ぶのである。

「三百万市民に告ぐ」の末尾に近く、後藤はこう書いている。

ひるがえってわが敬愛する市民のために最後に一言する。山本内閣はすでに退き、予は民間に閉居しているが、帝都の復興は新内閣の手によって今後着々とその行程を進むのは無論のことである。しかしその実績の良否は一に懸かって市民諸君の双肩に在ることを忘れてはならない。特に自治能力の発揮に待つことが緊切である。（中略）今にして回想すればさきに議会の解散を予らに勧告した人士は少なくない。もし当時その言のように決行したならば果たしてどうであったか。政界の旋風に巻き込まれ吹き払われて、市民諸君はなお容易に寒気の後の春に会えなかったかもしれない。是非の批判は賢者に委ねるべきである。

予は些少(さしょう)ながらも貧弱ながらも、焼土の中から熱灰を掻き分けて復興の芽生えを見出したことをせめてもの慰めとし、その後の計画を諸君の自治能力に依頼して止まないものである。(95)

山本権兵衛昭和五年談話

二

復興事業に深く関わった同時代の政治家の目に後藤はどう見えたのだろうか。まずは山本権兵衛（当時首相）から。昭和五年三月発行の『帝都復興秘録』における談話筆記だから、震災から七年が経過し、復興事業が終わるころである。

［後藤］伯爵は、東京市長以来、都市計画の持合せがあった為、一時は、世間から種々の批評も聞いたが、ともかく、今日になると、帝都復興の基礎計画を得て、天子の居らるる帝国の基礎とも申すべき帝都の復興なり、後の世の人から、よくやってくれた、世界に類例のない事だと讃められる様になったのは、いかにも、本懐至極である。(96)

山本の発言には、真情と礼節の気持ちが込められている。これに対して伊東巳代治は、前にも少し触れたように、復興審議会でいかに自分が正しかったかということを繰り返している。自己弁護のみで復興事業への評価がない、というのは筆者の偏見であろうか。

井上準之助の発言（当時大蔵大臣）

重要な証言者と思われるのが、当時大蔵大臣だった井上準之助と、山本の次の清浦内閣で後藤から内務大臣を引継いだ水野錬太郎である。とくに、井上準之助の『帝都復興秘録』のための座談会における発言[97]は、財政当局の立場から具体的かつ論理的で、また、井上との予算折衝や閣議における後藤の姿をヴィヴィッドに描いていて、非常に面白いものである。井上の発言を拾ってみる。

「東京の復興の基礎は全く後藤子爵の考えでできている」

> 復興計画のできたのは、私から申しますと、やはり何と言っても後藤子爵の考えであの復興計画は全部できたのであります。……東京の復興の基礎は全く後藤子爵の考えでできている、こう言って誰方も異存を言われぬであろうと思います。
>
> 後藤子爵は、自分は三十五億の復興計画案を持っている。それは一遍後藤案として極くインフォーマルに閣議に出されたことがありました。
>
> 後藤伯は中々の名案を持たれており、相当の研究者ではありましたが、今私をして伯の長所短所を言わせるならば、どうも十分に咀嚼されて研究される時間がなかった。後藤伯が私に相談された事で、モウ少し研究されたら宜しかったと思ったのはフランクフルトのアヂケス法に類似の案である。

★アジケス法（通称）　一九二〇年、フランクフルト市長アジケスが郊外の宅地開発を進めるためにつくった耕地整理の手法を定めた法律。

閣議に於いては誰も区画整理の区の字さえも真剣に考える人はなかったと言っても宜しい。これは人の悪口ではない。なぜかというとこういう事を閣議に後藤さんが話されますけれども、区画整理という事は誰もあまり興味がない。要するに復興計画というものは一種の土木事業です。それを政治家が政治問題として取扱って、政治問題と土木問題をゴッチャにしてやるという訳だから、山本権兵衛伯のごときは最も不適任なのです（笑い声）。だからどうも区画整理なんかという事が総理大臣には全く分らなかった。それは無理はない、よく私に閣議が済んでから、「井上君、後藤はあんな事を色々言うがどうかネ、何とかなるのかネ」と言われたことがある。

井上蔵相と後藤内相・総裁が対立

復興予算を巡って、井上蔵相と後藤内相・総裁が対立したときのこと。こんな場面があった。

そうすると後藤さんが、言葉は簡単でしたが真蒼になって、「私は閣僚に信用が無くなりました。私は今日限り……復興事務に対しては責任を持てませぬからこれで御免こうむります」と言ってお辞儀をして、……ドンドン室外へ出て行こうとせられた。他の閣僚は皆黙っておりましたが、後藤さんが立って行きかけたのを見ると田さんが、……ツと立って後藤さんの後から追いかけて、フロックコートの裾を押さえて「まあまあ君そんな事をしてはいかぬ……席に着き給え」と言って頻(しき)りに引止めている。後藤さんは「イヤ俺はモウとても責任は持てぬ」と言って振切ろうとする。田さんはフロックコートをしっかり押さえて「まあまあ」という調子でやっている。「まあまあ」がなかなか長い、よほど面白い場面でした。それでとうとう後藤さんがその席に戻ってきました。

井上は、英国のアスキス内閣の時にキッチナー陸軍大臣が閣議室を出ようとして幹事長に止められて、内閣の危機にいたらずに済んだという逸話を紹介したのである。佐野利器はこう尋ねる。後藤さんがその時ドアを開けて出てしまったら、どんなことになったでしょう。池田宏がこう答えている。結局内閣にヒビが入ったでしょう。

「今日の東京市があるのは後藤さんのおかげ」

座談会の最後に、井上準之助はこう提案した。「この復興の最初の計画者たる後藤さんの追悼会をやろうではありませんか。あの人が無かったらチョット適当な人はありませんでした。……とにかく今日の東京市のあるのは、やはり彼の時に思い切ってあれだけやられたからです」。

後藤新平の一周忌の市民追悼式 水野錬太郎の挨拶

復興事業を実際に始動させたのは、清浦内閣で内相を引受けた水野錬太郎である。その水野は、昭和五年四月一〇日に開かれた後藤新平の一周忌の市民追悼式の挨拶の中でこう述べた。

昔に遡りますれば、帝都建造の動機は、伯がさきに台湾に於て民政長官として新領土経営の事に当られた時に始まっているのであります。明治二十七八年戦役後台湾を領有しました当時に於きましては、台湾の諸都市は極めて乱雑荒涼の地であったのであります。伯が民政長官として赴任せられますや、第一にこれらの諸都市を改造して文明都会となすの必要を認められまして、台北を始めと致しまして、交通、衛生、美観の点より都市の完全なる計画を立てられて、それが実現せられて今日の立派なる文明的都市が建設せられたのであります。この経験に基きまして、伯は東京市の建設という事を胸中に蔵せられておったのであります。

大正九年伯が東京市の市長に就任せられますと、御承知のごとくいわゆる八億円計画なるものを立てられたのであります。その思想の根柢は、遠く台湾に於ける経験に基きまして東京市を立派にし、帝都として恥しからざる都にしたいという考に出たのであります。[98]

ここで、水野は後藤の台湾経験というものを振返っている。先に参与会のところで紹介したように、後藤自身「田舎芝居のようなもの」と謙遜しながら、台湾や満鉄における都市計画の経験にわずかに触れている。

三

継続的に「都市」に深く関与した政治家

近代日本の歴史上、後藤新平ほど実践的にかつ継続的に「都市」というものに深く関与した政治家は存在しない[99]。

一八八三（明治十六）年、内務省衛生局に入った後藤は、東京の市区改正計画とドイツの建築家エンデとベックマンの官庁集中計画を目にした。スコットランドから来た上下水道の専門家バルトン（→122頁）とともに後藤は全国の都市を視察している。

一八九〇（明治二十三）年、ドイツへ留学してヨーロッパの近代都市を実際に見た。

一八九五（明治二十八）年、日本が台湾を領有したのち後藤はバルトンに依頼して台北や台中の衛生状態や上下水道の調査を行っている。児玉源太郎台湾総督とともに民政局長（後に民政長官）として台湾に渡った一九〇〇年には、台北の都市改造計画が進められることになった。台北の都市計画では「三線道路」すなわち歩車道を分離し、緑地分離帯を持つ近代的なブールヴァール（並木付き道路）を建設した。後藤は担当技師に「フランス・パリの凱旋門、シャンゼリゼのごとく」と指示したという。

★ウィリアム・K・バルトン（1856-1899）
英国人。衛生工学。後藤の衛生局技師時代、函館水道を後藤と共に設計。のち後藤によって台湾に招かれ、上下水道の設計に当った。

日露戦争後、満鉄（南満洲鉄道株式会社）の総裁となった後藤は、大連におけるロシアの都市計画を引継ぐほか、鉄道附属地の開発と都市建設を積極的に進めた。奉天、長春などの都市計画が著名である。

「統治」の延長線上にある「都市計画」

後藤の「都市」への関心は台湾統治や満鉄経営という国家的な「統治」の次元における彼の実践の延長上に位置づけられるものであった。

エピローグ　自治精神で「帝都復興」へ

――都市は市民がつくるもの

一二月一九日
帝都復興計画が確定
一二月二九日
山本内閣引責辞職
一九二四年一月七日
清浦奎吾内閣成立
二月二三日
帝都復興院官制廃止
内務省の外局として復興局設置

一九二三（大正十二）年一二月一九日、山本内閣が提出した復興予算案に対する政友会の修正案が衆議院で可決され、その後貴族院でも可決された。また、東京・横浜の復興のための特別都市計画法と政府に公債発行を認める震災善後公債法が公布されて、帝都復興計画が確定した。とはいうものの、年末の虎ノ門事件で山本内閣は総辞職し、後藤新平も政府を去って帝都復興事業の最大の牽引車がいなくなった。一九二四（大正十三）年一月、清浦内閣が成立、水野錬太郎が内相となったのち、二月二三日には帝都復興院官制が廃止され、池田宏も佐野利器も去った。同日、内務省の外局として復興局が設置されたが、その陣容は大幅に縮小された。冬を越した罹災者は焼け跡のいたるところにバラックを作っていた。最終的にその数は二〇万棟に達したという。このような状況の中で、果たして帝都復興の事業が実施できるのだろうか。

ここからの後藤新平とその「同志たち」の二枚腰の戦いがすごかった。しかし、

佐野利器の回想

「おじぎしないで仕事のできる人は天皇陛下しかないぞ」

本書の主題である「後藤新平の一二〇日」をはるかに越える物語となるので、ここでは彼らのエピソードのいくつかを記しておくにとどめよう。

政府の復興院を辞めた佐野利器はいったん東大に戻ったが、東京市で再び復興事業の最前線に立つことになった。佐野はつぎのようにその経過を回想している。

二月二三日復興院は規模が縮小され、復興局となり、従来の局が部となり、直木倫太郎氏が局長官となった。私は後藤さん以外の人の下で働く気もなかったので無理にやめて、大学教授の本務に戻った。ところが、東京市長永田秀次郎氏、助役吉田茂（よしだしげる）氏からこれから国の援助を受けてやる復興の建築が非常に多い。全部鉄筋でこれをやる計画は君が主となって決めたのだ。ついては市に建築局をつくるから、局長を兼任でやってくれと懇々と頼まれた。しかし、私は市役所の役人になる自信はなかった。余り頼まれるので後藤さんに相談した。私はおじぎは下手だし、いやだからとても勤まらんと思っています。それでことわりたいと言ったら、「なに」と此方（こちら）に向き直り、「おじぎしないで仕事のできる人は天皇陛下しかないぞ。そんな事は問題ではない。永田も困っているのだから手伝ってやってくれ」と言われ、決心する他はなくなってしまった。それで忙しく嫌な思いをしながら二年余兼任で勤めた。(100)

政友会の予算修正の結果、区画整理は地主組合を主体とし、国の事業は幅員一二間以上の幹線道路に限定されることになった。そこで後藤新平たちは区画整理の事業主体を東京市に切り替え、東京市と国とで連繋（れんけい）協力しながら区画整理を進めることにした。佐野利器は「区画整理は直接の仕事ではないが一番大切な事と思い啓蒙運動に一生懸命協力した。世間にはゴーゴーたる反対の声があった。」と言っている。

東京市政調査会の専務理事 田邊定義
「佐野は街頭の戦士」

東京市政調査会の専務理事を務め百十一歳まで生きた田邊定義（たなべさだよし）は、佐野利器のことを「街頭の戦士」と形容した。(101) 田邊は、東京市政調査会は「その本来の使命とする科学的研究調査の立場に於いて復興計画を討究し、更に他の学会等と意見の一致する範囲に於いて連合の上、その研究の結果を強き主張に表さんとして一つの連盟を組織し、全く独立不偏、而も飽くまで純学問的な運動を開始することにした。(102)」と記録している。

東京市政調査会と工政会は啓蒙活動として、大正十三年四月から六月にかけて市

★**永田秀次郎**（1876-1948）淡路島出身。寺内内閣で警保局長。後藤の跡をついで東京市長となり震災後の復興に努めた。のち第四代拓殖大学学長。後藤の死まで側近だった。

内各所で一八回の講演会を開催した。この講演会には、後藤新平、佐野利器、永田秀次郎らが参加している。東京市長の永田秀次郎は「区画整理に就て市民諸君に告ぐ」という講演を行ったが、「市民諸君　我々東京市民は今やいよいよ区画整理の実行に取りかからなければならぬ時となりました」と始まる永田の講演は、今も心に響く格調の高いものである。

　市民諸君、我々は実に非常の時に生まれ合わせました。……今や我が東京がいかなる道程を歩んで、いかなる手際をもって復興するかは、全国七千万同胞の均(ひと)しく注目する所である。否全世界を通ずる十数億の人類が均(ひと)しく興味の眼をもってこれを凝視(みつ)めて居るのである。即ち我々東京市民は、今や全世界の檜舞台に立って復興の劇を演じているのである。我々の一挙一動は実に我が日本国民の名誉を代表するものである。

　我々祖先の努力を思い、我々子孫の幸福を稽(かんが)え、しかして全世界に対する我々自身の名誉を重んずるならば、我々は今日の場合に於いてあらゆる困難に打ち勝って、全力を傾注し、同心一体となってこの光栄ある復興事業に尽瘁(じんすい)せなければならぬ。古来意気をもって立つ我が東京市民諸君は、かかる重大の時期に

際してよく忍びよく励み、談笑の間にこの大事業を遂行すべき事は、私の深く信じて疑わざる所であります。(103)

太田圓三による政友会の説得

復興局土木部長・太田圓三の活躍も、史実の記録に残すべきであろう。区画整理が実現する見通しが立ったのは、一九二四(大正十四)年六月の第四九特別議会で、一億五〇〇〇万円の追加予算が認められたことによる。この金額は前年の議会で削減された要求額とほぼ同額であった。この追加予算の獲得にあたって、太田圓三は獅子奮迅の働きをしている。政友会の説得である。松木幹一郎は太田についてこう回想している。

また他の一人(太田)のごときは、担当は土木局であったが、区画整理の最熱心なる主唱者であって、志を同じうする十河経理局長(心得)や、佐野建築局長等と共に主任者たる土地整理局長を激励して大いにやらしたものである。……この人は政友会の小泉三申氏と同郷の縁故を辿って、当時政友会の査定せる復興予算一億六百万円の復活につき、政友会をしてその行掛りを捨てさせ復活に同意せしむべく、小泉本人はもとより島田、望月、鳩山、秋田、三土、高橋、岡崎、秦等の諸氏をも歴訪して幾十数回に渉って根気よく勧説するところあり、……過半の連中を賛成に導いたという様な顕著なる事蹟もあったのであります。[104]

太田圓三の遺した仕事の最大のものは「隅田川六大橋」の建設である。太田は土木部長として田中豊橋梁課長等とともに、隅田川の下流側から、相生・永代・清洲・蔵前・駒形・言問の六つを架設した。

この都市の美観を演出するような美しいデザインの橋梁群、昭和通りに代表される植樹帯を持つ幹線街路、リバーサイド・パークである隅田公園、錦糸、浜町の三大公園、五二の小公園と隣接した小学校、都市型住宅のさきがけとなった同潤会アパート、そして、震災の焼失区域の約九割に相当する三一一九ヘクタールの区域で行われた世界都市計画史上の快挙ともいうべき区画整理による市街地大改造、など、震災復興の遺産は数多い。[105]

震災復興の遺産
隅田川六大橋（相生・永代・清洲・蔵前・駒形・言問）、植樹帯の幹線街路（昭和通りほか）、リバーサイド・パーク（隅田・錦糸・浜町の三大公園）、都市型住宅のさきがけとなった同潤会アパートなど

では、後藤新平の「遺産」とは、これら目に見える都市の風景、ランドスケープだけであろうか。

一九二三（大正十二）年、一回目の来日時のビーアドの講演記録が残っている。[106]

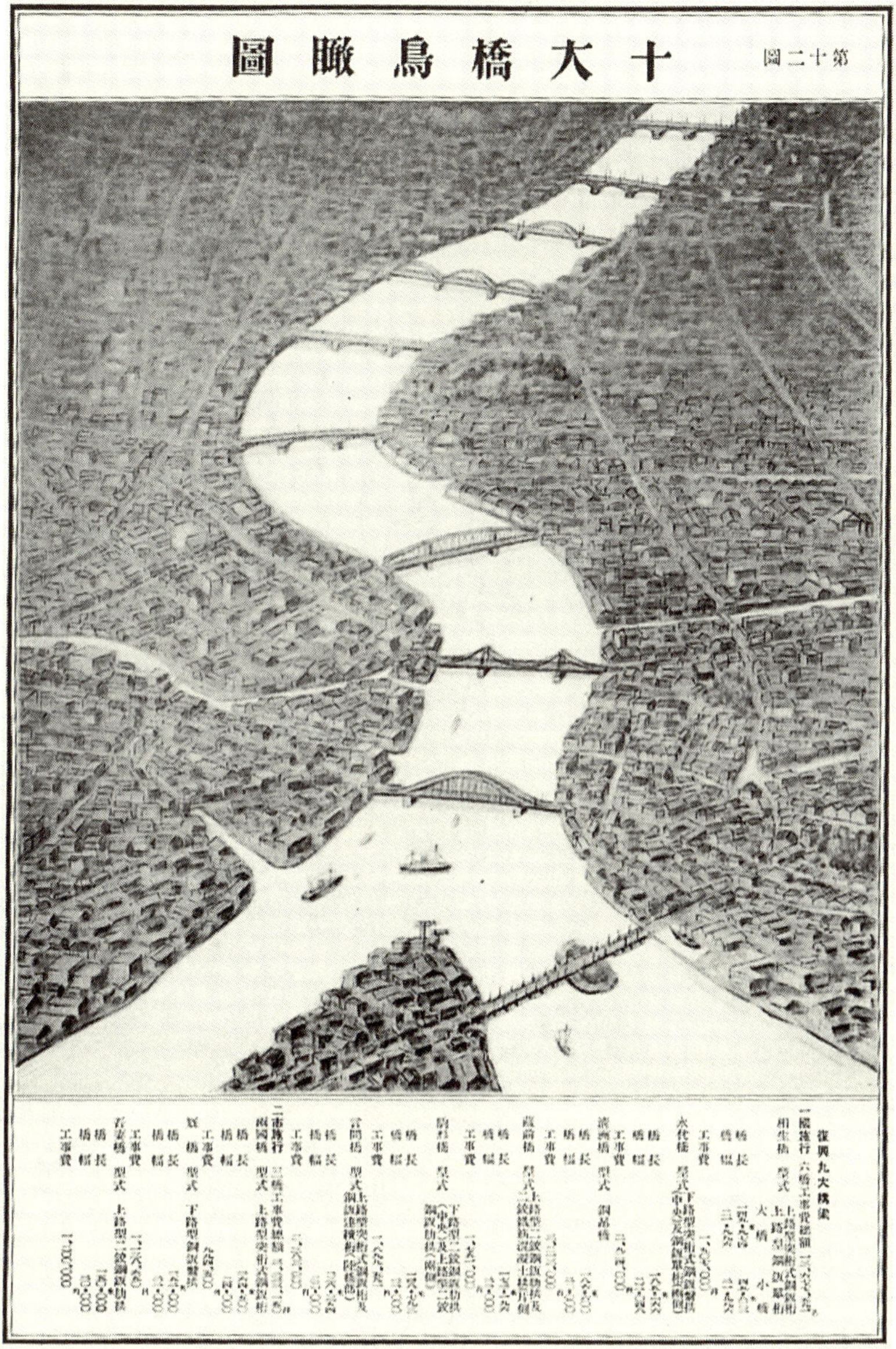

十大橋鳥瞰図

1930（昭和 5）年　東京市編　東京市政調査会市政専門図書館所蔵

都市は市民がつくるもの

それは"Build Your Own Town"（都市は市民がつくるもの）と題されている。

現代の都市がよく計画された、美しい街であるためには、そこに住む市民が共通の目標に向けて協力することを学ばなければなりません。市民は地方自治を向上するうえでの諸問題について、考えねばなりません。市民は顧問を、技師を、科学者を呼び集めなければなりません。最善のアイディアと最も優れた文明の利器を集めるために、そうした人々を広く、遠く、世界中から招かなければなりません。市民は共同で負担すべき税を積極的に納め、公共のために必要な犠牲を払わなければなりません。

「市民は公共の利益のために個人の利益を譲らなければならない」

ビーアドはこのように市民に呼びかけ、そしてこう結ぶのである。

要するに、偉大な都市の住民は、生き生きとした精神を持っていなければならないのです。市民はいまという時代にどのような恩恵を享受できるのかを理解しなければなりません。市民は公共の利益のために個人の利益を譲らなければならないのです。これが現代の都市計画の精神です。これが、私は確信を持って言いますが、東京市長であり、市政調査会の会長であり、私がその指示の下で働く光栄に浴しております、後藤子爵の精神であります。

従って、私は自分自身の主張としてではなく、皆様のお国の人であり、この国に生まれ、この国を愛し、この国をよく知る人で後藤子爵の主張として、皆様にこのお話をさしあげているのです。後藤子爵は私よりもよくご存知なのです――都市の命運は、その都市の人々の手中にあるということを。[107]

「都市の命運は、その都市の人々の手中にある」

都市計画と自治の精神について、後藤のつぎの言葉が残っている。

「都市計画と自治の精神」

自治的精神をまつのでなければ、健全な都市計画を全うすることはできず、健全な自治精神を離れては都市計画は無用なのである。[108]

都市計画は都市が地獄となるか、極楽となるかの岐路に今立っていると申してもよい。当局者の無理解、国民の無理解、無知というものを、理解に導くのが極楽を作ることになる。かつて市政調査会で招聘したビーアド博士が私に教えてくれたが、都市は、四つの敵と闘わなければならない。すなわち、疫病、

都市の四つの敵

無知、貧困、無慈悲である。まことに至言であって、これらと闘って勝利を占めるには、すべてこの都市計画の経綸（けいりん）が全く備わらなければならないのは申すまでもない。[109]

金を残すは下、仕事を残すは中、人を残すは上

後藤新平は晩年こう言った。[110]「金を残すは下、仕事を残すは中、人を残すは上」と。東京という帝都の大震火災からの復興は、なぜ可能であったのか。関東大震災からの「後藤新平の一二〇日」の証言と記録は、「人を残す」ということの重大さと重要さを、現代に生きるわれわれに改めて考えさせてくれる。

注

（1）鶴見祐輔著、一海知義校訂『〈決定版〉正伝　後藤新平　8「政治の倫理化」時代　一九二三～二九年』藤原書店、二〇〇六年七月。一二九―一三〇頁。以下、『正伝　後藤新平　8』のように略記する。原本は、鶴見祐輔『後藤新平』第四巻、後藤新平伯伝記編纂会、一九三八年。
（2）同右、一五二―一五四頁。
（3）同右、一四六―一四七頁。
（4）同右、一四二―一四四頁。
（5）後藤の手記「三百万市民ニ告グ　山本内閣入閣ノ情由ト復興計画ニ対スル所信」（本書に資料として収録）の一節。同右、一三七―一三九頁。

(6) 後藤新平「復興の過去、現在および将来」『都市デザイン』（シリーズ〈後藤新平とは何か――自治・公共・共生・平和〉、後藤新平歿八十周年記念事業実行委員会編、藤原書店、二〇一〇年）、二二九頁。
(7) 前掲『正伝　後藤新平　8』一四八頁。
(8) 同右、一四九頁。東京市政調査会編『帝都復興秘録』宝文館、昭和五年、二七九頁。
(9) 同右『正伝　後藤新平　8』一五〇頁。
(10) 同右、一三八―一三九頁。
(11) 後藤新平『自治』（シリーズ〈後藤新平とはなにか――自治・公共・共生・平和〉（藤原書店、二〇〇九年）所収の「一九〇九年設立 ドイツ・ハンザ同盟大要」（同書二一五―二一六頁）参照。
(12) 前掲『正伝　後藤新平　8』一三五―一三六頁。
(13) 同右、一八一―一八二頁。
(14) 「後藤伯追憶座談会」『都市問題』八巻六号、昭和四年六月、一八一頁。
(15) 市政専門図書館所蔵の小冊子『帝都復興ノ議』（後藤内務大臣提案）、『帝都復興院事務経過』復興局、大正十三年、九頁、及び池田宏「帝都復興計画の由来と其法制」『都市問題』一〇巻四号（帝都復興記念号）、昭和五年四月、三六頁に引用されている「帝都復興の議」によれば、「東京ハ帝国ノ首都ニシテ」と、「首都」となっている。一方、鶴見祐輔『後藤新平』第四巻は「首府」となっている。
(16) 前掲『正伝　後藤新平　8』一八六頁。
(17) 同右。
(18) 同右、一八九―一九〇頁。
(19) 一九二〇年五月に後藤がとりまとめた国家的調査機関の構想。この機関は内閣や議会から独立し、各分野の優秀な人材により情報を収集・分析し、根本的な国策を確立するための「産業参謀本部」というべきものであった。
(20) 前掲『正伝　後藤新平　8』一九六―一九七頁。
(21) 前掲、池田宏「帝都復興計画の由来と其法制」、四二頁の（註18）より重引。また、遷都論については、中邨章『東京市政と都市計画――明治大正期・東京の政治と行政』（敬文堂、一九九三年）、第三部「震災復興の政治学」二三〇頁。鶴見俊輔編『記録現代史・日本の壱百年（六）――震災にゆらぐ』（筑摩書房、昭和五十三年）、一二九―一三〇頁。復興事務局編『帝都復興事業誌　計画篇・管理篇・経理篇』（川口印刷所、昭和七年）、九―一二頁、などを参照。

(22) 前掲『正伝　後藤新平　8』一七三―一七五頁。本書に資料として収録。

(23) 前掲、池田宏「帝都復興計画の由来と其法制」四三―四五頁。

(24) 高橋紘『陛下、お尋ね申し上げます』文藝春秋（文春文庫）、一九八八年、三四四頁。越澤明『復興計画』中央公論新社（中公新書）、二〇〇五年、八四頁。

(25) 本多静六「後藤新平氏と私」『本多静六体験八十五年』大日本雄弁会講談社、一九五二年、二五三―二七三頁。

(26) 前掲『帝都復興秘録』一〇頁。

(27) 今村均『今村均大将回想録 第二巻 皇族と下士官』自由アジア社、昭和三十五年、三〇―三三頁。

(28) 前掲、池田宏「帝都復興計画の由来と其法制」五一頁。

(29) 同右、七九―八〇頁。

(30) 前掲『帝都復興秘録』一〇〇頁。

(31) 前掲『正伝　後藤新平　8』二〇五―二〇六頁。

(32) 越澤明『復興計画』中央公論新社（中公新書）、二〇〇五年、二四頁。

(33) 春山明哲「都市研究会と『都市公論』」後藤新平歿八十周年記念事業実行委員会編『都市デザイン』（シリーズ〈後藤新平とは何か――自治・公共・共生・平和〉、藤原書店、二〇一〇年、一八八―一八九頁所収。

(34) 前掲『帝都復興秘録』二七一―二七二頁。『佐野博士追想録』同編集委員会編集・刊行、昭和三十二年、二三頁に同様な記述がある。

(35) 前掲『正伝　後藤新平　8』二〇六―二〇八頁。

(36) 同右、二〇八—二〇九頁。
(37) 添田知道『演歌の明治大正史』添田唖蝉坊・知道著作集4、刀水書房、昭和五十七年、二八九頁。
(38) 前掲『正伝　後藤新平　8』一九六—一九七頁。
(39) 前掲、池田宏「帝都復興計画の由来と其法制」五二頁。
(40) 前掲『帝都復興秘録』一七一—一七二頁。前掲『正伝　後藤新平　8』一九一頁。
(41) 同右『帝都復興秘録』一七八—一七九頁。
(42) 同右、一八三—一八四頁。
(43) 同右、一八五頁。
(44) 同右、一〇二—一〇三頁。
(45) 同右、八五—八七頁。
(46) 同右、八九—九〇頁。
(47) 渋沢栄一の活動及び後藤新平との関係については、北原糸子「渋沢栄一と関東大震災」『渋沢栄一と関東大震災』財団法人渋沢栄一記念財団、渋沢史料館、二〇一〇年、所収。
(48) 前掲『帝都復興秘録』三八—五〇頁。詳しくは『大震災善後会報告書』(大震災善後会、大正十四年一二月)がある。
(49) 同右『帝都復興秘録』三八〇—三八四頁。
(50) 前掲『正伝　後藤新平　8』二三一—二三二頁。
(51) 同右、二三三—二三四頁。
(52) 同右、二三四頁。
(53) 池田宏はこの閣議報告の日付を九月二四日としているが(「帝都復興計画の由来と其法制」六四頁の(註1))、これは池田の記憶違いで、一〇月二四日でなければならない。九月二四日では、まだ帝都復興院が発足していない。また、『帝都復興院事務経過』五〇頁に、「一〇月二四日及び二六日総裁より閣議に院議決定の帝都復興計画大綱を報告し、二七日これが諒解を求む」とあるのによる。前掲、中邮章『東京市政と都市計画』二六六頁の注

（29）の記述から教示を得た。

（54）前掲、池田宏「帝都復興計画の由来と其法制」五七頁。

（55）前掲『正伝 後藤新平 8』二三六―二四〇頁。

（56）同右、三〇七頁。前掲『帝都復興秘録』三一三―三一四頁。

（57）同右『帝都復興秘録』三一五頁。

（58）同右、三一六頁。

（59）中井祐『近代日本の橋梁デザイン思想――三人のエンジニアの生涯と仕事』東京大学出版会、二〇〇五年。第三章が「太田圓三の経歴と仕事の概要」となっている。平山の引用部分は同書二九三―二九四頁。典拠資料は、平山復二郎「復興事業と故太田圓三氏」『土木建築雑誌』一〇巻七号、昭和六年七月、二七―二八頁。ただし、十河信二の回想によると、「区画整理を決行することに両副総裁初め皆さん御異議ありません」と明瞭かつ躊躇なく応えたのは「私」すなわち十河自身ということになっている（『帝都復興史 第三巻』復興調査協会、昭和五年六月、二九七八頁）。なお、有賀宗吉『十河信二』（十河信二伝刊行会、昭和六十三年）にはこの記述はない。今後の検討課題としたい。

（60）前掲『正伝 後藤新平 8』一六一頁。

（61）同右、二一七頁。

（62）阿部直哉「帝都復興は市民の手で――ビーアドのメッセージ」（リレー連載 歴史家チャールズ・ビーアドと日本 2）、『環』四五号、二〇一一年春、を参考にした。

（63）前掲『正伝 後藤新平 8』二一九頁。

（64）"Memorandum Relative to the Reconstruction of Tokyo presented to Viscount S. Goto", by Charles A. Beard, The Tokyo Institute for Municipal Research. 東京市政調査会市政専門図書館所蔵。

（65）前掲『正伝 後藤新平 8』二二九頁。

（66）後藤新平文書 R56-21-15。一九二四年四月発行米国雑誌「アワー・ウオールド」（"Our World"）所載。

(67) 前掲『正伝　後藤新平　8』三八九―三九二頁。
(68) 同右、三九二―三九三頁。
(69)「後藤伯追憶座談会」における阪谷芳郎の発言。『都市問題』八巻六号、昭和四年六月、一七八頁。
(70) 前掲『正伝　後藤新平　8』二七六頁。
(71) 同右、二七七頁。
(72) 同右。
(73) 同右。
(74) 吉川仁「第二回帝都復興審議会における伊東巳代治の反対論」『都市問題』一〇二巻二号、二〇一一年二月。吉川は、後藤と伊東とはその「復興観」、「都市計画観」に大きな相違があった、と見ている。
(75) 前掲『正伝　後藤新平　8』二九二頁。
(76) 同右、二九三頁。
(77) 同右、三二三頁。
(78) 岡義武・林茂校訂『大正デモクラシー期の政治――松本剛吉政治日誌』岩波書店、一九五九年、二六三―二六四、二六七頁。
(79) 前掲、中邨章『東京市政と都市計画』二七九頁。
(80) 同右、二八〇―二八一頁。
(81) 前掲、池田宏「帝都復興計画の由来と其法制」七三―七四頁。
(82) 後藤新平文書マイクロフィルム版、R56-21-7。『現代史資料　6　関東大震災と朝鮮人』みすず書房、昭和三十八年、所収（資料解説、二九頁）。
(83) 駄場裕司『後藤新平をめぐる権力構造の研究』（南窓社、二〇〇七年）、二二三―二二五頁。
(84) 小川平吉の一二月一三日の衆議院本会議と一九日の予算委員会における質問。国立国会図書館・帝国議会会議録検索システム、『官報号外』大正十二年一二月一四日、衆議院議事速記録第三号、本会議一二月一三日分及び予算委員会議録第四回、一二月一九日による。

また、衆議院予算委員会議録第三回、一二月一七日の宮古委員の質問に対する後藤国務大臣の答弁。

(85) 前掲『正伝 後藤新平 8』三三九頁。

(86) 同右、三四〇頁。

(87) 同右、三六一頁。松尾尊兊は『普通選挙制度成立史の研究』（岩波書店、一九八九年）、二八五頁において、「標的は後藤内相であった。小川平吉らは後藤が大杉栄に資金援助を与えた問題を追及する一方、臨時議会の眼目たる復興予算に二割以上の大削減を加えた。解散を恐れる政友会は、復興問題で政府と争っても、復興をおくらすことになる議会の解散は無しと読み、後藤内相の辞任をねらったのである」としている。

(88) 前掲『正伝 後藤新平 8』三八三―三八四頁。

(89) 同右、三九四頁。『東京朝日新聞』大正十二年一二月二〇日（夕刊）。

(90) 同右『正伝 後藤新平 8』三九八―三九九頁。

(91) 持田信樹「後藤新平と震災復興事業――『慢性不況』下の都市スペンディング」『社会科学研究』東京大学、三五巻二号、一九八三年、一九頁。

(92) 前掲『帝都復興秘録』二五七頁。

(93) 前掲『正伝 後藤新平 8』四〇九―四一六頁。

(94) 前掲『帝都復興秘録』三〇二頁。

(95) 前掲『正伝 後藤新平 8』四〇一―四〇二頁。

(96) 前掲『帝都復興秘録』一三頁。

(97) 同右、二七八―三一一頁。煩雑になるので引用箇所の頁は割愛する。

(98) 水野錬太郎「東京市民の大恩人後藤伯を偲ぶ」『都市問題』一〇巻五号、昭和五年五月、七三頁。

(99) 以下の記述は、前掲『都市デザイン』（シリーズ〈後藤新平とは何か――自治・公共・共生・平和〉所収の田中重光「後藤新平の台湾ランドスケープ・デザイン」及び西澤泰彦「後藤新平と満鉄が造った都市」を参考にした。

(100) 前掲『佐野博士追想録』二四頁。
(101) 越澤明「後藤新平と東京都市計画」『経世家・後藤新平――その生涯と業績を語る』(「都市問題」公開講座ブックレット11)、東京市政調査会、二〇〇七年、三七頁。
(102) 田邊定義「復興計画促進及び反対防止運動」『都市問題』一〇巻四号、昭和五年四月。
(103) 永田秀次郎「区画整理に就て市民諸君に告ぐ」東京市編纂『区画整理と建築』帝都復興叢書刊行会、大正十三年七月、一七四―一七五頁。
(104) 前掲、中井祐『近代日本の橋梁デザイン思想』二九六頁、前掲『帝都復興秘録』二三八―二三九頁。
(105) 都市計画史から見た後藤新平の遺産については、前掲、越澤明『東京都市計画物語』(日本経済評論社、一九九一年)及び同『復興計画』(中公新書、二〇〇五年)に詳しい。
(106) ビーアド研究グループの開米潤、丸茂恭子、阿部直哉の諸氏のご教示による。
(107) 二〇一一年三月一〇日、第一一回ビーアド研究会配布資料より。
(108) 後藤新平「都市計画と自治の精神」前掲『都市デザイン』一五五頁。
(109) 後藤新平「都市計画と地方自治という曼陀羅」同右、二五三―二五四頁。
(110) 三島通陽「ボーイスカウト十話」『毎日新聞』昭和四十年。

東京市政調査会所蔵

II　資料――都市の復興と自治の精神

帝都復興の議（一九二三年九月六日）

後藤新平

東京は帝国の首都であり、国家政治の中心、国民文化の根本である。したがって、その復興[1]は明らかに一都市の形体回復の問題ではなく、実に帝国の発展、国民生活改善の根基を形成することにある。されば、今次の震災は帝都を焦土と化し、その惨害は言うに忍びないものがあったのであるが、理想的帝都建設のため、真に絶好の機会である。この機に際し、よろしく一大英断をもって帝都建設の大策を確立し、その実現を期さなければならない。躊躇（ちゅうちょ）逡巡（しゅんじゅん）してこの好機を逸するならば、国家永遠の悔（くい）を遺（のこ）すにいたるだろう。よって、ここに臨時帝都復興調査会を設け、帝都復興の最高政策を審議決定させようとする。

臨時帝都復興調査会の組織の大要は左の如し。

総裁　内閣総理大臣

委員

一　国務大臣

二　枢密院議長

三　内閣総理大臣もしくは国務大臣たる礼遇を賜（たま）わった者

四　国務大臣たりし者または親任官中より勅命せられたる者
五　学識経験ある者より勅命せられたる者
帝都復興の大方針を決定すること。すなわち
（イ）復興に関する特設官庁の新設
（ロ）復興に関する経費支弁の方法
（ハ）罹災地域における土地整理策等
これらの問題に関する腹案は左の如し。
（一）帝都復興の計画および執行の事務を掌らしめるため新たに独立の一機関を設けること。
その組織の大要は左の如し。
（イ）復興計画局
一　都市の復興計画に関する事務
二　都市計画法の施行に関する事務
（ロ）建築事務局
一　諸官庁舎の建築に関する事務
（ハ）建築監督局
一　建築物法の施行に関する事務
（ニ）土地整理局

一　震災地域の土地整理に関する事務

(ホ)救護局

一　罹災民に対する衣食救護に関する事務

二　家屋の建築ならびに供給に関する事務

(ヘ)財務局

一　帝都建設のために要する経費その他財務に関する事務

帝都復興計画調査会を設け、復興計画に関する当局の諮問機関とすること。その組織の大要は左の如し。

会長

委員

(一)関係各省官吏

(二)関係地方長官

(三)関係市長

(四)学識経験者

〔二〕帝都復興に要する経費は原則として国費を以って支弁すること。そしてこれに充当する財源は長期の内外債によること。

〔三〕罹災地域の土地は公債を発行して、この際これを買収し、以って土地の整理を実行した

上で必要に応じてさらに適当公平にその売却または貸付をすること。(2)

（財団法人東京市政調査会・市政専門図書館所蔵資料）

帝都復興の詔書（九月一二日）

朕神聖ナル祖宗ノ洪範ヲ紹ギ光輝アル国史ノ成跡ニ鑑ミ皇考中興ノ宏謨ヲ継承シテ肯テ愆ラザランコトヲ庶幾シ夙夜競業トシテ治ヲ図リ幸ニ祖宗ノ神佑ト国民ノ協力トニ頼リ世界空前ノ大戦ニ処シ尚克ク小康ヲ保ツヲ得タリ奚ゾ図ラン九月一日ノ激震ハ事咄嗟ニ起リ其ノ震動極メテ峻烈ニシテ家屋ノ潰倒男女ノ惨死幾万ナルヲ知ラズ剰エ火災四方ニ起リテ炎焔天ニ冲リ京浜其ノ他市邑一夜ニシテ焦土ト化ス此ノ間交通機関杜絶シ為ニ流言蜚語盛ニ伝ワリ人心洶々トシテ倍々其ノ惨害ヲ大ナラシム之ヲ安政当時ノ震災ニ較ブレバ寧ロ悽愴ナルヲ想知セシム。朕深ク自ラ戒慎シテ已マザルモ惟ウニ天災地変ハ人力ヲ以テ予防シ難ク只速カニ人事ヲ尽シテ民心ヲ安定スルノ一途アルノミ凡ソ非常ノ秋ニ際シテハ非常ノ果断ナカルベカラズ若シ夫レ平時ノ条規ニ膠柱シテ活用スルコトヲ悟ラズ緩急其ノ宜ヲ失シテ前後ヲ誤リ或ハ個人若ハ一会社ノ利益保障ノ為ニ多衆災民ノ安固ヲ脅スガ如キアラバ人心動揺シテ抵止スル処ヲ知ラズ朕深ク之ヲ憂惕シ既ニ在朝有司ニ命ジ臨機救済ノ道ヲ講ゼシメ先ズ焦眉ノ急ヲ拯ウテ恵撫慈養ノ実ヲ挙ゲント欲ス。

抑モ東京ハ帝国ノ首都ニシテ政治経済ノ枢軸トナリ国民文化ノ源泉トナリテ民衆一般ノ瞻仰スル所ナリ一朝不慮ノ災害ニ罹リテ今ヤ其ノ旧形ヲ留メズト雖依然トシテ我国都タルノ地位ヲ失ワズ是ヲ以テ其ノ善後策ハ独リ旧態ヲ回復スルニ止マラズ進ンデ将来ノ発展ヲ図リ以テ巷衢ノ面目ヲ新ニセザルベカラズ惟ウニ我忠良ナル国民ハ義勇奉公朕ト共ニ其慶ニ頼ランコトヲ切望スベシ之ヲ慮リテ朕ハ宰臣ニ命ジ速ニ特殊ノ機関ヲ設定シテ帝都復興ノ事ヲ審議調査セシメ其ノ成案ハ或ハ之ヲ至高顧問ノ府ニ諮イ或ハ之ヲ立法ノ府ニ謀リ籌画経営万違算ナキヲ期セントス。

在朝有司能ク朕ガ心ヲ心トシ迅ニ災民ノ救護ニ従事シ厳ニ流言ヲ禁遏シ民心ヲ安定シ一般国民亦能ク政府ノ施設ヲ翼ケテ奉公ノ誠悃ヲ致シ以テ興国ノ基ヲ固ムベシ朕前古無比ノ天殃ニ際会シテ卹民ノ心愈々切ニ寝食為ニ安カラズ爾臣民其レ克ク朕ガ意ヲ体セヨ。

朕は神聖なる祖宗の大法を継ぎ、光輝ある国史の成跡に鑑み、御父君中興の大計をそのまま継承して決して誤らぬよう願い、日夜恐れつつしんで心を安んぜず治を図り、幸いに祖宗の神佑と国民の協力とに頼り、世界空前の大戦に処してなおよく小康を保つことができたが、図らずも九月一日の激震が突如として生じ、その震動はきわめて峻烈で家屋の倒壊、男女の惨死は幾万であるか知れない。あまつさえ火災が四方に生じ、その炎は天に達して京浜その他の都市を一夜にして焦土と化した。この間交通機関は途絶し、ために流言蜚語が盛んに伝わり、人心は恐れおののいてますますその惨害を大きくした。これを安政当時の震災と較べれば、むしろ凄愴であることを想知させる。朕は深く自ら戒慎してやまないが、思うに天災地変は人力をもって予防しがたく、ただ速やかに人事を尽くして民心を安定させる一途があるのみである。およそ非常時にあっては非常の果断がなくてはならない。もし平時の条規に拘泥して活用することを悟らず緩急のよろしきを得ず、前後を誤り、あるいは個人もしくは一会社の利益を保障するために多数の罹災民の安全を脅かすようなことがあれば、人心は動揺して止むところを知らない。朕は深くこれを憂いおそれ、すでに在朝の官庁に命じて臨機に救済の道を講じさせ、まず焦眉の急を救うことで恩恵の実を挙げたいと思う。

　そもそも東京は、帝国の首都にして政治経済の枢軸となり、国民文化の源泉となって民衆一般の敬いしたうところである。一朝不慮の災害に罹って今やその旧形を留めていないとはいえ、依然としてわが国都の地位を失わない。このためその善後策は単に旧態を回復するに止まらず、進んで将来の発展を図り、それによって街の面目を新たにせねばならない。思うにわが忠良な国民は義勇をもって公に奉じ、朕とともにその余慶に頼ることを切望するだろう。これを思って朕は、宰相（さいしょう）に命じて速やかに特殊な機関を設定し、帝都復興のことを審議調査させ、その成案は、あるいは至高顧問の府に諮り、あるいは立法の府に謀り、計画経営に万事違算のないよう期そうとしている。

在朝の役人は朕の心を心とし、迅速に罹災民の救護に従事し、流言を厳しく禁圧し、民心を安定させ、一般国民またよく政府の施策を助けて奉公のまごころをつくし、それによって興国の基礎を固めよ。朕は前古無比の天災に際会して民をあわれむ心がいよいよ切となり、そのために寝食も安らかでない。汝ら臣民よ、よく朕の意を体せよ。

（『正伝　後藤新平　8』一七三―一七五頁）

大乗政治論（一〇月三日）　後藤新平

自治の心を養い育てる

国家は一人のための国家ではなく政府は一人のための政府ではない。したがって、責任を国家に負うものは必ず無私の心で奉仕し、常に国民とともに、国民のために貢献しようと目指さなければならない。そして私は、この根本観念を明確にする要義として、多年、自治の心を養い育てることの必要を力説し、自助自立の思想を充実させることを唱道してきた。私はいつも言った、政府の理想は、大乗〔利他、衆生＝国民の救済〕の見地を持ち、進んで修することを休まず、わずかでも退くことがないことに在ると。しかし、これを小乗〔自利、私欲、党利党略〕的または通俗的に見るときは、現実世界の個々刹那の差別相について因果関係を認識せざるをえない。この意味で、私は、多くの恩人をつくることを恐れ、国家社会に対して、心的にも物的にも道徳上の負担者になることを避け、できるかぎり債権者であろうとする理想が欠けないようにと考えてきた。その意味は、まさに自治の精神を激励し拡充するものでなければ、国家社会に対して無私の貢献は期待できないと信ずるからである。

無党派として

私は決して政党を無用視するわけではない。いや、健全な政党の活動を敬い重んずることにかけては、あえて人後に落ちない。今までも政党を無用視しなかった。したがって未熟な政党の行動または病態に対しては、ひそかに不満足の情をもたざるをえないと同時に、各政党が自ら改善して堅実な合理的発達を遂げることを希望してやまないのである。こういうわけで、私はまた、政権の争奪にもっぱら心をいらだたせるいわゆる政党的行動に味方することを、いさぎよしとはしない。もちろん、私はどのような内閣に対しても、あえて反対するための反対運動を行おうとは思わない。むしろ、その短所を補い、その弊害を正し救うために互いに協力することを本旨としてきたのである。これこそ、私が常に政府を超越し、政党を超越して、私の微力の許すかぎり、自己一身を犠牲にして、国民とともに、国民のために最善を尽くすことを願ったためである。言いかえれば、私は、いわゆる政党的行動の外に、自身一個の良心および理性によって、無党派的に国家社会をたすける道しかないと自覚したためである。

そもそも世間で言われる政治家と経国家との間には、自ずからその思慮や行動の仕方の範疇が異なっており、小人と君子の別があるようだ。かつて私は、わが国の政党や政治家の言動について深く考えてみた、ひとたび同志会を脱してからは、政党政治には関与しなかった。私は、あえて政党を無用視するものではないが、その言行や行動性は、往々、常軌を逸し、いわゆるわが党内閣論といった、人心をむしばむ思想が長い間に浸み染まり、容易に本来的な活動を期待できないと思い、ますます政党政治の圏外に立って、少しでも寄与するところがあればと念ずるようになった。これは一見矛盾するように見えるが、私は自身一個の力によって公世間に処するのが、かえって国民とともに、あるいはまた国民のために公正で無私であると信じた結果である。

人心をむしばむわが党内閣論

政治の第一義は社会奉仕

いうまでもなく、総ての政治家は、必ず多少の政敵があることを免れない。しかも、政党を基礎としないために政敵に対抗する力がないというものがあれば、それはまだ政治の本質を理解できていないもので、あるいは極めて臆病な政治家の声であるといえよう。政党員が政敵に抗するやり方はあろう。都合のよいやり方は利己の極に傾きがちになるのを免れない。およそ政治の第一義は力ではなくて社会奉仕である。政党の名をいただくゆえに、不正を化して良知とすることができないのは、あたかも、瓦を玉に変えることができないようなものだ。それだけでなく、このことを古今の実例に照らしてみると、どのような政治家もそしりとほめ言葉は半々で、功罪相伴って見え、宗教界の大聖賢においても異端者があることを免れない。ただ、政治上における主義政策の争いは、私闘ではなく公争である。私敵ではなく公敵である。すなわち、その反対者もまた、尊重すべき益友であるのはいうまでもない。

道理と正義に基づく判断

とはいえ、政治上の行動は、公明を旨として互いに道理と正義とに基づいて是非の判断を下さなければならない。いたずらに政略を弄し、あるいは誠意を欠くようでは、たとえ国家社会のために政権を獲得支持されるのに便利だからといって、やむをえず正当でない手段をとるにしても、実際上は、手段のために目的がないがしろにされ、測り知れない禍をもたらしている。ことに私は、内外の政党関係において、しばしばこの種の事実があるのではないかと疑わずにはいられない。私は常に思う。政敵が政敵である理由は、ただそれが一時的であるということを。終生の敵ではなく、眼前の敵、問題の敵、すなわち、ある場合における政見政策の敵であるということである。だから偉大な経国家は、戦わずしてよくこれに勝ち、これを屈することができようと。ところがいわゆる政党政治家の中には、ただ政権を奪い、あるいはこのことに固執して理非の別なく多数の党員を得て必勝を目指さなければと、単に勢いに乗じて政敵を圧し目的を達しようとするものがある。このようなものは、その機略方法において、たとえ他を凌駕できても決して合理的であるとは認められないのである。

真に有意義な多数者を得ること

いうまでもなく、立憲政治は、広く国民の世論を聴き、多数者の意思を体得して表現するように努力しなければならない。しかも、真に有意義な多数者は自然に得られるべきものであって、不合理な作為によって製造すべきものではない。いや、不自然な多数は、むしろ憲政治下における怪事であるといってもよく、その反面には、すなわち不自然な少数党が抑えられ屈服していることが予想できるのである。これが果たして健全な状態であるといえようか。

先に、私は東京市長の職をうけるに当たって、どんな一挙手一投足の労も費やさなかった。しかも全市会一致の推薦によってその職に就き、負担を免れないこととなった。それ以来私は、市会各派の間にあって、偏らず、党によらず、多数を得て権力を保持しようとするいかなる手段もとらず、誠実に全員の諒解を得るように努め、同時に、政治の根本義は奉仕であるという信念を披瀝し一貫して来た。したがって、私は、あえて反対党を敵視しなかっただけでなく、反対派のどのような言論も何のわだかまりもなく広く平らかな心で迎え、好意的な反対と考え、善意の批判であると認め、その間、少しの妨げもなく、わずかな差し支えもないように心掛けた。もちろん、私はそのことの功を誇るわけではないが、平凡で下手な碁の中にも淡泊なやり方があり、執拗な碁もあるが、私が好むのは、石の投じ方が快くきれいであって、勝敗の決にこだわらないことだ。こうして私は、市民とともに市民のために所信にしたがって進退し、不快な印象を少しも残さないようにできたのである。ただし、もちろん、私が全会一致の推薦によって東京市長の職に就いたというのは、決してこのことを就任の主要要件とみなしたためではない。もし始めからこのことを要件視したなら、後日になって、たとえ一人の反対者があっても、すぐに退職しなければならず、これは論理上から生ずる必然の約束であるからだ。このような意味において、全会一致の推薦を要求する人とは異なり、ただ不自然な多数を得るために自ら作為し焦心しないという一点において、私の信条と私の政治主義とを実践するだけなのだ。したがって、かりそめにもその事実が、不純な動機目的を含まないかぎり、その全会一致であることと比較的多数であることとに、優劣があるという理由がないのはもちろんである。

自治の精神三条

かえりみて、さらにこのことを今日から想い起こすと、私は東京市民に対して、心的にも物的にも、少しも債務を負ったとは考えない。同時に、私には債権があると信じて、権利の行使を発する気持ちもないことは言うまでもない。考えてみるに、私が平素から主張する自治の精神は、常に、(一) 他の恩義を被らず、(二) 常に他に対して何ものかを寄与するように努め、(三) そうして何ら報酬を求めない、という三条を眼目とし、この所信によってまっしぐらに進み、そむくことのないことをひそかに快心事としているからである。簡単に言えば、人生に対して無限の義務は尽くすが、その結果として報酬を期待せず、そのために自然に生ずる言わずもがなの権利を悦楽しようとするのである。古人は言った、愚かであるのに用いられることを求め、卑しいのに貴ばれることを望み、今の世に生れて古の道に反する云々と。私は不敏であるが、どうして功利主義の傀儡(かいらい)となることを欲しようか。ただ、人生の義務に就(つ)こうとして、政治上、いささか、わずかな誠の思いを注ぐだけである。

共同奉仕の思想

おもうに、人類の社会において、最も厳粛な道義心は共同奉仕の思想である。かりそめにも生を人類に受けて、人類の恩に報いることがなければ、世界は痛ましく悲しい修羅場と化すのは必然である。先賢がしきりに衆生恩を説いて人類の義務観念を指導したのは、まことに理由があるといわざるをえない。さらに超俗的な、また利他的（大乗的）見地からいえば、特別な厚い恩義を民に施して、あえて酬いを求めないのは国家である。わけてもわが国の場合は、仁慈かぎりない皇室をいただき奉っている。世間では、ややもすれば、近代輸入の権利義務論を誤解し、わずかに若干の納税によって国家に対してあたかも大きな施与を行ったかのように推し測り、債権者の態度をとって、すぐに報償をよこせといい、しかもこれこそが立憲政治あるいは政党政治の本旨であると考えるものがないとはいえない。しかもこのようなものは、皇恩および国恩がいかに広大であるかを理解しない、認識の錯誤から出たものである。私は、実に、皇国の国民として地上に生れたことに無量の光栄を感じ、無窮の恩寵を荷うものである。したがって、この全生涯を挙げて身を砕き励み努力しても広い恩に報いることができないと信じ、身命を賭して、ますます犠牲の心を磨き励まさなければならない必要を痛感しつつある。なぜならば、わが国体は、世界の中でもユニークな伝統から成り、皇室と国民との関係は、一大統合的家族の実体を有しているからである。

そうであればこそ、ここで仮に個々人が国家に異常な功績をもたらし、国恩に報いてなお余りあるようなことがあるとしても、これはただ、単に当人一代の行いにすぎない。さかのぼって、これを祖先以来の恩義に照らし、降ってこれを子々孫々の将来にわたって考えるとき、その一代の行為は、おそらくは大鳥の一本の毛のごとく軽いものであろう。いうまでもなく、各自が皆、奮って国家・皇室に対する精神的債務を償うために忠誠を尽くすのは、大変美しいに相違ない。しかしながら、大和民族の本来の倫理道徳から見れば、わずか一代あるいは数世代の忠勤によって容易に債権者としての権利が発生、あるいは自ら得られると思うならば、それは大きな偏見である。考えてみるに、有限的な努力によって無限的な広大な恩に酬いることは、ほとんど不可能であるからだ。まして若干の義務に服したからといって、たちまち権利報酬を要求するような唯物的傾向の思想などは問題にならない。この権利の本体は国家である。特に、わが国にあっては皇室である。要するに、われわれの祖先以来、当時の哲人が言ったように、国民は皇恩・国恩および衆生の恩の厚いことを思い、専念義務を尽くし励んでもなお励んでも及ばないところが多いことを悟らなければならない。そうすれば、すなわち光輝ある権利は自然に生じて、自ら求めないでも徳の器を成就させることができよう。

現今、東西に国をつくっているものは少なくない。しかし、国家対国家の関係は平等であるといっても、各国に特殊な歴史がある。わが国体の淵源は、古今に比類なきユニークな意義があることを知るべきだ。万民が斉しく権利義務について大いに反省する必要があるだけでなく、われわれは、特に非常の時に際してはただちに馳せて非常の努めに服さなければならない理由を理解できよう。このたび、山本内閣が組織されるに当たり、私は老躯を捧げて席を閣班に列することになったが、その始めにおいては特に入閣の意志を持たなかったにもかかわらず、今まで述べた信念に鼓舞されて、ついにこれを辞することができなかったのである。

立憲国民の奉仕の義務

ところが論者はいう。立憲政治は、常に政党に立脚しなければならず、その身が政党の外に在りながら政党と争い政権を掌握するようなことは、常に政権の地に坐することを目的とする政党の本分を奪うものではないかと。ここで私は考える。もし、世に政治を職とする一種の専門的営業者があり、常に商店の看板を掲げるようにして国政を執るとすれば、他者がこれに代わるのは、あるいは特権侵害のきらいがないとはいえない。いわゆる政党政治は、果たしてこのような特殊な営業権をもつものかどうかは知らないが、私は帝国臣民の名において、いまだにこの種の論理が妥当であると承認することができない。すべての立憲国民は、ことごとく奉仕の義務を尽くさなければならない資格と機能とを与えられつつあるものであって、その政党員であると政党員でないとによって国民としての義務に等差類別を設けることはできない。したがって、政党外より出て、その義務に任ずる事に就いたからといって、無免許医の代診的治療と同一視するようなことは、私はそれをよしとする理由がわからない。むしろこのような誤まった考え方のために、しばしば根拠のない流言飛語を放って、いたずらに他を傷つけようと欲し、かえって自ら未熟な政党の弱点を暴露し、一般の識者にその思うところを疑わせるようにするのを悲しまざるをえない。

万機公論に決せよ

改めて説くまでもなく、わが国の現時の実情において、直接あるいは間接に政党に関与するものは、全国民中の三百万人を出ない。したがって、もし政党または政党類似の専門営業者でないかぎり、政治の役目につくことはできないというならば、これはすなわち三百万以外の多数の国民を指して、ことごとく無能力者であると主張するのに等しいだろう。私は、わが忠誠な同胞を深く信頼し、しかも万機公論に決せよと宣示された先帝の大御心を拝察して、わが立憲政治の本質がそのように狭いものであるとは信じられない。それだけでなく、ここに、仮に大政党が存在するとしても、その立居振舞はまるで中風患者のようで、また別に小政党があって、あたかも肺病に罹(かか)ったような状態になった場合、誰が国事に任じ、あるいはまた皇国の安危をどのようにするというのか。言いかえれば、政党は皆病んでおり、民人また政党を信頼しないときに際し、政党以外の健全な国民に国論を体現させ、民意を伸ばし育てることのどこがいけないのか。私はこの意義において、政党を超越した山本伯の決起に、少しも不合理を認めない。私の入閣がいいかいけないかは別問題として、同伯の使命に賛成して、この身が局外にあってもなお微力を尽くして援助しようと決心したのだ。

国家の公器は私情によって左右できず

あるいは言うものがある。わが国にはすでに大政党が眼前に活躍しているのを見、しかも第二党が、多年、鬱屈した状態を忍んでいることを忘れ、山本内閣が成立を告げたのはどういう政情が原因であったのかと。私は見聞が狭いながらも、もちろんその事実を知らないわけではない。また少数党の隠忍に心の底から同情を惜しむものではない。しかも、大権の発動は絶対であり森厳である。国家の公器は私情によって左右できないだけでなく、いわゆる政党が唱えるものは、三百万の民以外には通じず、政党員以外の多数の国民と没交渉であることは前に述べたとおりである。仮に形式上の政党政治の存在を無条件に肯定するとしても、現に見られる大政党は、先日、御前に伏して辞表を捧呈（ほうてい）したのではないか。これはすなわち、上は陛下に対し奉り、下は国民に向かってついにその職に堪えられないとして自責の意を表明したことではないか。もしそうでなく、前言は戯れただけであるとし、あるいは自らの傷はすでに癒えたと信じて、再び政権争奪の渦中に投ずるものと言わざるをえない。

超政党・無党派的思潮の広がり

近頃、政党員以外の国民が、党弊の累積を恐れるのは一日（いちじつ）の事ではない。長い間、その改善を望んでその革正を祈ってきたが、まだ果たされていない。そのために呪詛の声がこもごも起こり、あるいは党閥打破を叫び、あるいは政党撲滅を高調してやまない。このように少なくとも国民が、おおむね政党政治に飽きて、民心の一新を他に求めており、従来の党派が勢いによって極力これを圧し絶滅しようとするにもかかわらず、年一年、その反響が切烈さを加え、今や超政党あるいは無党派的思潮が蔽（おお）わんばかりに広がろうとしている。いわゆる大政党に対してさえもすでに広がっている。ましてや小政党に対してをや。私は健全政党の発達を望むものであるから、大政党の病態に憂慮を禁じ得ない。小政党もまた肺病の身のまま良縁を求めるような態度に陥ることがないように願わざるをえない。要するに、政党の形があることによって、必ず政権の落下を要請できるとするのは、政党員以外の国民を無視した妄断である。立憲国民多数の能力を撥（は）ね除けてしまう独断である。もし、自己の病患を省みないで、いたずらに非難中傷の語を流布して、国家の大権を我が物顔に論議するようならば、党派心理の倫理化が、甚だしく欠如しているといえないか。

未熟政党発展の四要件

私は、政党尊重の意味から、四箇の要件を抜き出した。すなわち、

第一、党派の争いは正当な武器によって行われなければならない。

第二、党派の争いは互いに対敵を尊重すべきである。

第三、党派の争いは終始誠意をもって一貫すべきである。

第四、公益のためには党派観念を去り、自己の利益を犠牲にすべきである。

私は、これが未熟政党発展の基礎要件であると信ずる。幸いわが国の政党がこれを容れる雅量を発揮すれば、積年の病弊も瞬時に根治し、始めて真に有意義な政党政治が起こるのが見られると信ずる。さらに私は信ずる。各政党の党首は、自らこれを言外に発する発しないを問わず、必ず私と同一の意見をもっているのは疑いないと。考えてみると、各党派の首領が、ひごろ、その党員の節制について苦慮すること尋常でないものがあるのは、識者が皆よく知っているだけでなく、これら首領は、すでに一代の偉人としての資質を具備し、決して凡庸な党員のために偏狭な意見に誤られることがないからである。いや、かりそめにも政党の首領である以上、このような資格識見を欠くはずがないからである。

以上、私は政治の根本義について多少の平素からの思いを述べ、山本内閣成立の意義を説く

政治綱領の自利（小乗）と利他（大乗）

のにあわせて、政党主義の現実性について若干の言を加えた。これを大観すると、政治の綱領は、二つに分けることができ、その一つは、自利（小乗）を範囲とし、他は利他（大乗）を範囲とすることである。自利の範囲に属する政治家が多いときは自己中心的となり、利己主義となり、あるいはいわゆる政党内閣論となって、そのために政争を悪化させるおそれがあることは自明の理である。したがって各政党政治家は、自ら、つとめてその思慮を冷静にし、名聞利養（名誉や財産への欲）の念を棄てて、衆生を救う道に勇往する覚悟がなければならない。なぜなら、健全な政党の発達は、ただ自利の範囲を排して、利他の範囲に入るものが多くなることによってのみ、その可能性があるからである。果たしてそうならば、利他の範囲というものはどのようにして認識されるべきか。これが最後の問題である。

国家社会に負うた債務を忘れず

　しかも私は、もう多言を要しない。つまり、利他の範囲に帰入する政治家は、その国家社会に負うている債務が多いことを自ら知り、自ら省み、さらに進んでは、無私の生活に悟入し、自治の精神を体得して怠らないからである。すでに述べたように、自ら国家社会に対して、この上なく大きな恩寵に浴している事実を軽く見て、かえってわずかな納税または第二義以下の手段によって、あたかも一大権利者であるかのように妄想するとすれば、やがて価値判断の倒錯を招かざるをえない。現時の政党員が独り自らを高くしようと欲するものは、すなわち国家社会に負うた債務を忘れて、もっぱら債権を射ようとするためではないか。さらに退いて問う。各人は国家社会に対して祖先以来の負債がないか。子々孫々にいたる債権者であり得るか。もちろんこの批判はよろしく国民自身が下さねばならない。幸いこの批判意識が明瞭であるならば、世にいわれる普通選挙ではもちろん問題ではなく、すぐにもその実現を必要としよう。

今日にいたるまで、まだ、遍(あまね)く選挙権が与えられなかったのは、上述の批判に惑い、貴重な公権を売買の具に供するような良心の病に悩まされるものが稀ではなかったことに由来する。察するに、最近の国民全般の自覚は大変旺盛なものがある。迷いを転じて悟りを開く一大時期を画すのも遠くはないだろう。そもそも国難は、必ずしも蒙古族の襲来とか浦賀に砲声を聞いたときにかぎらず、実に、国の内外に潜んでいる。私は本年の夏季のころ、たまたま各地に旅をして国難の来ることがないかを説き、そしてこれを防ぎこれに備えるために自治心を養い育てる以外に方法がないことを提唱した。自ら助くるものは天またこれを助く。理性と良心との指示するところにしたがって、自らその思想行動をコントロールできるものは、いかなる天災に遭遇しても、撓(たわ)まず屈しない。この前代未聞の大震災に際会し、熱火の大試練を受けるに当たって、私は健剛なわが国民精神を信頼すること、この上なく深いと同時に、自治的性能の発揮を緊要とすること一層切実である。これこそすなわち、私が言う利他的範囲の旨意と合致し、大正維新の大業(たいぎょう)を成就するために、ともに衆生済度(しゅじょうさいど)の船を進めるものであるからである。

以上、いささか私の入閣の意義を宣明するのによせて、抱いている思いの一端を公にするものである。

(『正伝　後藤新平　8』三三八―三六〇頁)

国難は国の内外に——自治的性能の発揮を

内相進退伺いの状（一一月）

後藤新平

臣新平、曩に大命を拝し之を内務大臣の要職に承く時、恰も関東地方大震災の直後にして人心恟々物情騒然たり。臣、任に就きて夙夜戦兢善後の策に腐心すと雖、敢て此の重責を果す能わざらんことを惧る。幸にして爾後治安の維持成り、人心安定を得、近く戒厳の変態を撤して平常の状態に復することを得たり。是れ偏えに　陛下の御稜威と陸海軍将卒努力の結果とに依る。

今次未曾有の震災は所在に火災を起し、大火は遂に内務省に及べり。当時庁員の大半は其の安全を確認して既に退庁したるも、残留の庁員必死防火に努むるあり、四辺悉火炎の中に在りて、独り社会局は其の全きを得たり。而かも内務本省は遂に類焼の厄を免れず、僅に重要書類の一部を搬出し得たるに止まり、庁舎並書類の大部を烏有に帰せしめたるは、臣の最も遺憾とする所なり。

震災後に於ける異常なる人心の不安に伴い、流言飛語盛に行われ、秩序漸く紊れんとするや、民人自衛の方途として各地到る処に自警団の組織を見たり。然るに此の時に際し、鮮人妄動の浮説忽然として発し、一犬虚に吼えて万犬実を伝うるにいたり、眼前に展開せられたる惨害を以て鮮人の所為に帰せんとするものあり。而かも取締の官吏極力之が防遏に努めたるも、遂に人心極度に興奮して常規を逸し、自警団中には自制を失して暴挙に出ずるものあるにいたり、為に無辜の民にして殺傷せられたる者少なからず。臣新平、治安保持の重任を辱め事此にいたらしむ誠に恐懼措く所を知らず。

茲に臣の責任に関し状を具して以て聖鑑を仰ぎ伏して罪を闕下に待つ。臣新平、誠恐誠惶謹みて奏す。

大正十二年十一月

（後藤新平文書マイクロフィルム版、R五六―二二―七）

二百万市民に告ぐ――山本内閣入閣の情由と復興計画に対する所信（一九二四年）

後藤新平

超然内閣に非ず国民内閣を期す

思うに近年のわが国における政変の跡を検証すると、いろいろ不可解の感を禁じえないものがある。憲政が布かれて三十有余年、その形式においては早くから政党の目を有するものがなくはないとはいえ、その発達はまだ完全ではなく、国運民命の負託に耐え難い憾みがないとはいえない。遡ってこれを明治文化の創成期と比較すれば、あちらには高邁な国士の風格があり、剛健で溌剌とした気節と経綸とを発見できたにもかかわらず、時が降るにしたがって、その心だてが次第に荒んでくるように、その進退行蔵もまた甚だ端倪すべきでない〔深く合点できない〕ようになり、ついにはその時の人びとに、政党病の嘆を発せざるを得なくさせた。先年原敬氏の遭難があり、識者はその高価な犠牲を悼むと同時に、以後政党の反省と覚醒とを希望しうると想像した。しかし事実はむしろこれに反し、かの不幸なる凶変でさえも報本復始の機会を開かず、いわゆる我党内閣と称するような世界無類の新造語が何ら憚るところなく吹聴され、そのために国家第一義の思想は、知らず知らずの間に我党第一義の迷路に入り、ひいては一種の病的固癖となった。かくして高橋内閣は中道に瓦解し、加藤内閣はその後を継ぐにあたりいわゆる憲政の常道は既に見失われたのであった。

約言すれば、わが国の政党はいまだ健全な発育を遂げないうちに、あるものは早くも難治の疾患に罹り、またあるものは五官の機能を具備せず自主自立の能力を欠いているように見える。したがって、憲政の常道なるものは、実際のところこれを尋ねる途のないも同然である。憲政常道も健全な政党があってはじめて行なわれるものである。過半数の政党があり、不健全にも自ら内閣の総辞職を乞い、その病が根治されないのにさらに新しく大命を拝したいと願う。これがいわゆる憲政の常道であるのか。実情はすなわちこのようなものである。したがって山本内閣は、専ら人材を推薦して内外庶政を更新し、それによって民心を開こうとする国民の要求に応じて出現したものであり、余が同内閣の成立に満腔の同情を寄せる理由もまたこの趣旨に他ならない。したがってこれはいわゆる中間内閣ではない。また超然内閣でもない。真に国民内閣であろうと期した次第である。

臣新平曩ニ大命ヲ拜シ乏ヲ内務大臣ノ要職ニ承ク時恰モ關東地方大震災ノ直後ニシテ人心恟々物情騷然タリ臣任ニ就キテ夙夜戰兢善後ノ策ニ腐心スト雖敢テ此ノ重責ヲ果スコト能ハサラムコトヲ惧ル幸ニシテ爾後治安ノ維持成リ人心安定ヲ得近ク戒嚴ノ變態ヲ撤シテ平常ノ狀態ニ復スルコトヲ得タリ是レ偏ニ　陛下ノ御稜威ト陸海軍將卒努力ノ結果トニ依ル

今次未曾有ノ震災ハ所在ニ火災ヲ起シ大火ハ遂ニ内務省ニ及ヘリ當時廳員ノ大半ハ其ノ安全ヲ確認シテ既ニ退廳シタルモ殘留ノ廳員必死防火ニ努ムルアリ四邊悉皆火炎ノ中ニ在リテ獨リ社會局ハ其ノ全キヲ得タリ而カモ内務本省ハ遂ニ類燒ノ厄ヲ免レス僅ニ重要書類ノ一部ヲ搬出シ得タルニ止マリ廳舍竝書類ノ大部ヲ烏有ニ歸セシメタルハ臣ノ最モ遺憾トスル所ナリ

震災後ニ於ケル異常ナル人心ノ不安ニ伴ヒ流言飛語盛ニ行ハレ秩序漸ク紊レムトスルヤ

民人自衛ノ方途トシテ各地到ル處ニ自警團ノ組織ヲ見タリ然ルニ此ノ時ニ際シ鮮人妄動ノ浮説忽然トシテ發シ一犬虚ニ吠ヘテ萬犬實ヲ傳フルニ至リ眼前ニ展開セラレタル惨害ヲ以テ鮮人ノ所為ニ帰セムトスルモノアリ而カモ取締ノ官吏極力之カ防遏ニ努メタルモ遂ニ人心極度ニ興奮シテ常規ヲ逸シ自警團中ニハ自制ヲ失シテ暴挙ニ出ツルモノアルニ至リ為ニ無辜ノ民ニシテ殺傷セラレタル者少カラス

臣新平治安保持ノ重任ヲ辱メ事此ニ至ラシム誠ニ恐懼措ク所ヲ知ラス

茲ニ臣ノ責任ニ関シ状ヲ具シテ以テ聖鑑ヲ仰キ伏シテ罪ヲ闕下ニ待ツ 臣新平誠恐誠惶謹ミテ奏ス

大正十二年十一月

内相進退伺いの状
1923（大正12）年11月
後藤新平文書マイクロフィルム版
R56-21-7
（原資料は後藤新平記念館所蔵）

山本内閣へ入閣の由来

山本伯爵決起の事情に関しては、予ははじめからこれを多とし、心ひそかに閣外に在って微力を添えようと期した。（中略）世人が記憶するように、山本伯爵は去る八月二十八日に内閣組閣の大命を拝したが、同日予はこの事に関して、伯爵と水交社において第一次会見の機会を得た。ただし当日の会談は何ら予の入閣の交渉に触れたものではない。否、予がむしろ閣外に在って微力の許す限り山本内閣を援助する底意を有していたことはすでに記した通りである。

これより先予が帝国外交の新領域を開き、一面では東洋平和の基礎を強固にし、他面では国運発展の趨勢に適応することを望んで、日露修交の促進に潜慮した事実はここにあらためて説くことを要しない。しかし機運はなお熟せずいまだ彼我両国間の正式交渉を進めるにいたらなかったが、当時閑地に悠遊していた山本伯爵の達眼が、閣内にあって自ら国政運用の重任を担っている責任者よりも遥かに深遠な理解を持っておられることを知り、予はひそかにその明識に推服するところがあった。ゆえに予は自己の入閣によって、対露問題の行きがかりを山本内閣に持ち越し、伯爵の自由な手腕に累を及ぼすことを避け、大勢の帰趨を導き、伯爵が容易に自由解決できる気運をつくろうと望むと同時に、予は閣外でわずかな腕をふるい尽力して伯爵の成功を期待できるようにと熱望した。

しかしながら九月一日の大変災は突如として帝都を震撼し、組閣中の山本伯爵の責任は不慮の天災に遭遭して俄然絶大性を帯びてきた。今は尋常の場合ではない。一刻も速やかに新内閣を組織し、上は聖明を対揚して下は万民を安んじなければならない重大危機である。この期に及んで区々の事情に何があろうか。いわゆる事の成れるか破れるか、効果のあるかないかというようなこと〔運と不運〕を先見すべきところではない時である。また政見政策の論議相談に日を費やし、いたずらに政局の動揺を傍観するようなことは臣子の分ではない。よって予は九月二日山本伯爵との会見により、即時入閣の意を決し、自らの微力をかえりみる暇もなく内務大臣の重責を汚すこととなった。

救護—復旧—そして復興へ

以上は予が山本内閣に入閣した由来および動機の概要であり、それ以来どのような経過を辿ったかは、なお世人の耳目に新たであろう。予は火炎に包まれる帝都の惨状を目撃し、阿鼻叫喚の巷に臨んでその任務が至大至重であることを自覚すると同時に、その善後の大計を策定することが焦眉の急務であることを痛感した。すなわち政府が、第一に救護、第二に復旧、第三に復興の方針を執るべきことは論を待たない。九月四日復興の議を立案し六日の閣議は実にその根本方針を決定するために別紙案を提案した。帝都復興の第一方策として帝都復興には国費を用い、その財源は内外公債によること。第二方策としてこの際一一〇〇万坪の焼土を買収し、速やかに復興計画を決定した後、改めてこれを原所有者に払下げる方法を執ること。

国の力で復興を

この第一議案は直ちに閣議一致をもって採用され、直ちに救急事業の実施を断行し、これに伴う諸般の法令を立案決定することとなった。しかし第二議案に対しては財政上に疑義があるとされついに閣議の一致を経ることができなかった。なお攻究を要することとして大蔵大臣と稽査の末、予は別に採るべき方策がないわけでもないと信じ、まず前記第一議案の遂行に力を尽した。

当時予はひそかに思った。帝都の災厄は空前の惨禍である、しかもこれを従前の状態に復旧することで満足するようなことは、単に時代の要求に適しないだけに止まらず、後世の子孫に再び同一の惨禍に遭遇させる危険がないとはいえず、都市改善事業は最近世界共通の問題であって、すでに厳然たる科学的一部門を形成し、異常な経費と努力とを用いてなお多大な困難と戦いながらこれを行なっている。今にしてこれを断行せずにまた何時の日かにこれを遂行すべき機会があるだろうか。その上姑息な復旧は、一見財を要することが少ないように見えて、将来において実は少なからざるの浪費と化すだろうことは必然である。これは市民のための企図として忠でないばかりか、市民の志気を振作するものでもない。

帝都は単なる地方的都市ではなく国家の中心である。政治的、文化的および経済的中枢地である。国家の力をもって是非とも復興の計画を樹立させるべきであると。さらに予は思った。一一○○万坪の焼土を買収するのは、もとより非常な果断である、またそのために巨額な買収費を要するであろうが、復興計画が成った日にこれを原所有者に払下げれば、経済上から見て国家の損失は決して多大ではなく、その方法が機宜宜しきを得れば、かえって最少の経費をもって最大の効果を挙げることができると。これがすなわち九月六日の閣議に提案した予の見解の一斑である。

こうして山本内閣は第一救護、第二復旧、第三復興の方針を貫徹することに努め、連日閣議を開いて寸時の閑隙もなく、ほとんど寝食を忘れて事に当たった。特に九月の三旬間は専ら応急の救護事業に多忙を極め、まるで救急内閣の観を呈したが同月下旬にいたり復興審議会および復興院官制の発布を見、ついで復興院評議会および参与の選定を終わり、各機関の審議攻究を経て、ようやくその成案を得た後の経過は世人も知るところであろう。

広義の復興計画と狭義の復興計画

ところが世上はややもすれば、復興の意について種々の誤解を抱く者がなくはない。なかでも広義の復興計画と狭義の復興計画とを混同するなどということはその著しい一例である。そもそも広義の復興は国家、府県および自治体その他各種重要機関の事業に属するもの全部を総括する一大復興網を意味するものであって、仮にその経費を概算すれば約三五億にのぼるだろう。次に狭義の復興計画はどうかといえば、これはただ国家と自治体との共同努力によって達成すべき事業に限られるものであり、厳密には自治体の事業中、国家の力をもってこれを執行しまたこれを補佐し補助する範囲を出ない。したがって国家それ自身の復旧事業はもちろん、府県その他各種重要機関の事業はこれに包含されない。

今回山本内閣によって規定づけられた復興院所管事業は、すなわち前者すなわち大復興網（各官衙所管の復興）ではなくて、後者すなわち小復興網である。換言するならば広義の復興（約二十億）

を別途に切り離して、その中から狭義の復興計画を採りこれを復興院の事業としたのである。ゆえにその経費は、後者が前者に比して遥かに少額であるのは当然のこと自明の理である。政府ははじめから敢えてその方針を一定し、経費の許す範囲により伸縮の自由な経綸を画策した。広義の大復興案を掲げて狭義の小復興計画に収縮したとするようなことは、事業の真相を見誤った臆断に過ぎない（ただし政府が広義の復興案を総括的に立案策定しないで、単に狭義の復興計画を復興院に管掌させたことの可否については、もとより衆説一致しておらず、これは別問題である）。

予はここに上のような過程を経た復興計画が、復興審議会および臨時議会において種々の改竄補修ないし支障に逢着した事実についてしばらくこれを略す。ただその所説その論議が一つも当局者設計の外に出ないものであったことは、予の解説を待たずとも識者がすでにその判断に惑わなかったからである。審議会は消極的であり、評議会は積極的であって、別に一新機軸もなく、当局計画の軌道に副って出入伸縮したのである。しかも比較的短時日の間に幾多の専門家の評議討究を経た計画に対し、意外な誤解または姑息な復旧論等の障害に会したにもかかわらず、予は該計画が断じて当初の目的を遂行できないような不可能事とは認めないものであることを声明する。否、必ずこれを遂行する補正の途があることを信じて疑わないものである。

審議会の消極、評議会の積極

帝国議会においては審議会の消極説（衆議院）と評議会の積極説（貴族院）との二潮流を反復した。ただしある机上論が事業実行渋滞のため不可能を疑わしめる程度の改悪論さえあったが、いかなる反対論者もついに復旧よりも復興的に傾き、常に絶対不可能な修正をもって反対できなかったことを認めた次第である。ゆえに予は多くの誤解または障害に会う毎（ごと）にますます予の責任の重大さを思い、いよいよもって予の存在が必要であると自ら信じた。かつてロンドン大火後の計画を立てたレン[1]のごときも、またワシントンの造営に任じたランファン[2]のごときも、さらに近くはサン・フランシスコ災後の計画に当たったバンナムなども、およそこの種の事業に努力したもので中途でその計画に多大な障害を受けなかったものはなく、そして後世にいたって当年姑息な計を指弾し悔恨されないものがないことは歴史の告げるところに徴し明らかである。予はもとより自己の微力を弁解するものではなくて、むしろいかなる誤解と障害をも忍んでこれに打ち勝たなければならない必要性を市民諸君に告げたいと思うだけである。

臨時議会での修正

上のような意味において臨時議会に加えられた修正などもまた決して帝都の復興を絶望的にしたものではない。予算面に現われた数字は多額の減少を来たしたという外観があるが、ひとたびその内容に立ち入って冷静な観察を下せば、その実、数字の繰り替えに過ぎないもので、実際には該修正のために他日かえって経費の増加と各種の支障を惹起するであろうが、一部人士が予想されるような経費の節減を期待することができないのは瞭然としている。これを別言すればただその品目を換え、あるいは名称を変じて右のものを左に移し、左のものを右に転ずる類に過ぎない。結局これは形式上の事である。修正のための修正である。さらに極言すれば一個の後藤新平を落第者とするためにこのような修正を行なったものと解せられるとまで世評に上った。そのため実質上においては、帝都復興の計画を遂行すべき可能性の破壊を受けたのではないばかりか、その経費が減少していないこともまた上述のとおりである。

このような場合において区々の面目に拘泥し、あるいは皮相的な政府の威信を強調して、政略の巧拙に腐心して議会と戦うことが、災後の計に焦燥しつつある三百万市民のために執るべき手段であるか否かは大いに考慮を要するところである。言うまでもなく市民は一日千秋の感を抱いて復興計画の決定を待っている。もし空しく日を費やして、焦土の冷却に任せる時は、焼失価額百億と註せられる一一〇〇万坪の地上残灰の中から一握の収穫をも得られない恐れがないとは言えない。それでなくても死灰は日に日に消えるとともに、俗論俗見が交々起こって眼前の小計に甘んじ、外は列国の侮蔑を買い、内は子孫の憤りを招くような傾向がなきにしもあらずではないか。これすなわち山本内閣が表面上のいわゆる面目および威信に頓着せずに衆議院の修正を隠忍し、もって実質上の成果を期すると同時に疑い惧(おそ)れ不安に駆られつつある市民を安んじ、復興計画の着手をとり急いだ理由である。したがって貴族院における決議案は、その趣旨において衷心予の同感を禁じえないところであって、その主張の激しいことさながら政府弾劾の声を聞くようなものであったが、始終敬虔な念をもって謹聴し、予はその言が激越であるだけに、帝都市民のために人心を強くするに足るものがあることを思い、心からこれを喜んだ。何故なら貴族院が予の所信あるいは帝都市民に対して最も強力な後援を送り、復興計画の遂行および補正の協賛者であることを裏書したのと異ならないからである。

首都復興の良否は市民の双肩にかかる

ひるがえってわが敬愛する市民のために最後に一言する。山本内閣はすでに退き予は民間に閉居しているが、帝都の復興は新内閣の手によって今後着々とその行程を進むのは無論のことである。しかしその実績の良否は一に懸かって市民諸君の双肩に在ることを忘れてはならない。特に自治能力の発揮に待つことが緊切である。市民諸君は当然協力一致して世界の期待を空しくせず、帝国の政治的文化的ならびに経済的中枢都市を完備させ、それによって国家の進運と後世子孫の福祉のためにその自治能力を極度に傾けなければならない。そしてその遂行完成を期するべく衆議院の理解を求め、貴族院の援助を請い、各々奮って最善の方法を執らねばならない。前者の修正に補正の途があることを予はすでに説いた。貴族院はさらに前日の決議に基づき、これを実現しこれを達成させるべき一半の責任を取ることを否まないだろう。

予は城西の田舎住まいに隠棲するといえども、なお相当の貢献に力を致すことができよう。幸いに市民諸君の発奮により、帝都復興の功業が日に進展すれば何の悦びがこれに及ぶことができようか。今にして回想すればさきに議会の解散を予等に勧告した人士は少なくない。もし当時その言のように決行したならば果たしてどうであったか。政界の旋風に巻き込まれ吹き払われて、市民諸君はなお容易に寒気の後の春に会えなかったかも知れない。是非の批判は賢者に委ねるべきである。予は些少（さしょう）ながらも貧弱ながらも、焼土の中から熱灰を掻き分けて復興の芽生えを見出したことをせめてもの慰めとし、その後の計画を諸君の自治能力に依頼して止まないものである。

ところで普選問題に関しては予は入閣のはじめにおいて帝都復興とともに決意するところがあった。更始一新、人心の伸展を期するためにその断行が緊要であることは論を待たない。しかし本問題については他日別に所見を披瀝してあまねく国民に告げる機会があるだろう。

（『正伝　後藤新平　8』一三七—四〇二頁）

注

（1）クリストファー・レン（1632-1723）英国最大の建築家。一六六六年のロンドン大火に際会、全罹災地域をバロック的都市計画で再建する案を立てたが、地主の反対で実現されなかった。

（2）ピエール・シャルル・ランファン（1754-1825）フランス生まれのアメリカの建築家、都市計画家。現在のワシントンD.C.の都市建設基本計画案を作成した。

後藤伯と帝都復興（一九二九年六月）

佐野利器

復興の叫び——

大正十二年九月一日は我ら国民の永久に忘れることのできない戦慄である。二昼夜にわたって紅蓮の炎に追われ右往左往に逃げまわった後、見渡す限りの焼野原の一端にたたずんだとき、我らはただ茫然自失、真にその為すところを知らなかったのである。実に数万の生霊と数十億の財貨との犠牲に直面して、誰が復旧の方策などを考え得たろうぞ、誰が復旧の可能などを信じ得たろうぞ。忘れてはならぬ、当時の恐怖、悲痛、失望、落胆の情を。

この時に当たってわが伯爵後藤内務大臣は大声疾呼（しっこ）された。禍を転じて福となすべき絶好の機会は今だ、失望悲嘆は犠牲の上塗りと知れ、欧州戦時成金の悪風身に染み、今に精神の弛緩甚だしく、日一日と亡国の歩をつづけてきたわが国民だ、憤然決起して更始一新、その生活をも根底から改革して国家隆興の基を固むべき、絶好の機会じゃないか、犠牲は甚大であった、しかし発憤による成果さえいやが上に甚大であったらそれでよいではないか、復旧などいうけち臭い言葉はやめよ、さらに数段の隆興が目標だ、すなわち復興でなければならぬ、復興を唱えよ、復興と叫べと。

これを聞くもの俄然として甦った、血はおどらずにいなかった。我らは感激して泣いて起った、何の糞、復興だ。復旧じゃない復興だ。伯爵のこの一叫はいかに国民を奮起せしむるに力あったか。国民を更生せしめたところの一大福音は実に英傑の一叫であった。

天意なるものか――

天に意あって伯を動かしたか、伯に感あって天によったか。伯は台湾民政長官時代ならびに満鉄総裁時代に、台湾ならびに満洲の各地に盛んに都市計画を実施せられた。大正七年内務大臣であられたとき、都市計画調査会を起こして今日の都市計画法ならびに建築物法の基礎を定められた。また都市研究会を主宰してしきりに都市計画の普及につとめられた。さらに大正十年東京市長となって自ら都市行政を体験せられた。十二年初夏辞して後に高級助役永田氏を残して市長たらしめた。とちょうどそこにあの大震火災の襲来である。見方によっては、天は、伯爵をして永年にわたり都市改造の理論と実地との研究をなさしめ、幾多の手足を養成せしめ、もってあらかじめこの災害に備えしめたようでもある。実に復興の大業は伯爵でなければ背負い切れるものではなかった。いや、伯爵ならずしては企て起こされ得べきことではなかった。余輩のような無心のものにも、何となく、世に天意というものすなわちこれか、との思いを禁じ得ない。

復興審議会における議論を見れば他の大政治家の当時の考えがいかなる程度のものであったかということがよく判る。もっとも、伯爵の一叫によって甦らせられた世間の学者、識者といういわゆる無責任の地位にあるものの中には、すこぶる根本的な突飛な計画を唱道するものもないではなかった。しかしそれはいわゆる、薬のきき過ぎで、実行案として採るだけの代物ではなかった。実に当時の実効的政治家の考えはこれを伯爵の胸中に比すればほとんど極度に萎靡したものと見るほかなかった。

復興審議会は、復興に関する最高諮問機関として内閣に設けられたもので、委員は、時の山本首相、後藤内相、井上蔵相、その他の閣僚のほか、伊東伯、高橋政友会総裁、加藤憲政会総裁、江木および青木貴族院議員、大石正巳氏、渋沢子爵、市来日銀総裁という御歴々の顔触れであった。すなわち当時の大政治家を網羅したものと見てよかろう。

復興予算を提出すべき臨時議会に先だって伯爵がこの審議会に付議せられた復興計画なるものは、伯爵本来の計画からいえばほとんど最小限度に縮小せられたものというべき程度、すなわち伯爵の第三案になってしまってからのものであった。伯爵の最初の考えすなわち第一案は、震災直後九月六日の閣議に提出されたといういわゆる復興省案すなわち三十億計画であったはずだ。すなわち新たに一省を特設し各省に属するものおよび各自治体に属するものの復興全部と民間（経済上のことも共に）の復興援助とを挙げて集中的統一的にこれを行い、さらにこの機運を利用して国民生活の革新をも指導せんとするところの真に徹底的の計画であった。この案は閣議の容るるところとならず、各省に属するものは各省においてこれを行い、民間復興援助の大部分はこれを復興計画外とすることになって、いわゆる十五億案もしくは十二億案すなわち伯爵の第二案となった。しかるにまた財政上の都合から、計画範囲をただ東京および横浜の焼失地域だけに止むること、地下鉄道、電気ガス等ことの将来に属するものおよび民間の経営に期待することを得べき見込みあるもの一切をひとまず見合わせることとしてついにここに復興院案、七億円計画なるものが一応成立したのである。これすなわち伯爵の第三案といったのである。

——ことわっておくが、この経過を見て伯爵の第一案すなわち三十億計画は空想的の大風呂敷だったと誤解してはならない。事実、各省所管の復興、民間の復興援助等、その後に行われたものおよび今後行われんとしつつあるものを綜合して見ると、伯爵の三十億計画なるものの決して無謀なものでなかったことが判る。ただ世人は当時これを可能と思うことができないほどに意気消沈しておったのにほかならない。

さて、伯爵としては最小限度ともいうべきこの第三案が復興審議会に付議せられたとき、時のいわゆる大政治家連はほとんど異口同音にこれをもってむやみに膨大なるものとし、口を極めてその無謀を難じたのである。当時の新聞の報ずるところのごとく、某伯は、これをもって帝都の新造案なりとし、新造するくらいならばむしろ遷都論に耳を貸した方がよいと言った。某貴族院議員は、主要幹線一二本は作るもよかろうが、他は一切その必要がない。この際街巷の整理などとはいわゆる火事場泥棒の行為だ、舗装工事は外国かぶれの軽薄もののすること、日本には足駄があることを忘れるな、と言った。某氏は、世間に復興に対して二つの潮流がある、一は財政に基くところの真面目な消極論で、二は出鱈目の積極論だ、この出鱈目の積極潮流はそもそも誰が作った作ったと伯爵をねめつけねめつけ怒号したものだ。某政党総裁は、今日の急務は罹災民の救護にある、道拡げなどの閑事業に骨折っているときではない、日本の住宅には必ず庭が付いているから公園なぞ必要じゃない、ロンドンのセンターは銀座通りより遙かに狭くとも間に合っているではないか、と言った。

審議会における大政治家連の議論なるものはおおむねかくの通り、伯爵の第三案をすらほとんど理解することを得なかったといってもあえて過言ではない。さすがの伯爵も説明大いに勤められた。井上蔵相も切にこの程度の計画の必要なるを力説せられた。渋沢子爵はわが帝都のため誠を尽くして計画の成立を哀訴嘆願せられた。かくして三日にわたる審議の後、多少の修正を受けて、やっとその同意を得たというような次第であったのである。伯爵ならずして立て得る計画でなかったというのはこの一場面でも判ることと思う。

区画整理の断行――

大小百数十線の街路と五十数カ所の大小公園とを、この際、土地買収によって新設改修することの不可能なるは、理論上極めて明白なることではあるけれども、これを区画整理の方法によって行うことの決心は、実際政治家としては大偉人でなければできることではなかったと思う。なぜなれば、区画整理の基準ともいうべき耕地整理においてすら、建物なる部分を除外することを認めているほどに、一つの建物の移転ということさえも難事であるのに、たとえそれはバラックとはいえ約二十万棟の建物移転を予想せねばならぬのである。のみならず、耕地と市街地との間には所有者の執着の程度において非常なる差がある。さらに地境や、権利などの問題を多分に背負っている東浜においてこれを行うことの難、むしろほとんど不可能ともいうべきは、行政の実際に通じた人のみな等しく称するところであった。

伯爵は区画整理の方法によるのほかなきを、理論的には十分覚知せられたが、同時にまた、行政の実際に立っては難中の難事であることも十二分に熟知せらるるがゆえに、すこぶる煩悶せられたものらしかった。しかし、沈思熟考の末、大偉人伯爵は、敢然としてついに、復興地域ほとんど全部にわたるところの大区画整理の断行を決定せられたのである。

かの際、もしこれが月並の政治家の手に委ねられてあったものなら、必ず区整論を排して買収論を採ったに違いない。その結果はどうであったろう。百数十線はおろか、ただ数十線の小街路を得ることとさえ十数年の永きにわたることとなり、ついに復興事業は必ず中道にしてうやむやに消滅したものに違いない。余輩は、今日のように街巷の面目を一新せる所など焼失地域のどこにも見出すことができなかったであろうことを断言するに憚らない。満都の市民は伯爵のこの断行を子々孫々に語り伝えて永久にこれを感謝せねばならぬ。

満都の市民は、かの大震火災を永久に記憶して、禍の再来を防止せざるべからざると同時に、復興の親、後藤伯爵を忘れてはならぬ。世にさほどでもない人の銅像や記念碑は少なくない。その人の関係者には意義あらんかなれど、満都の市民には関係が薄い。実に満都の市民が、子々孫々に伝えて永久に記念し感謝すべきは復興の親、後藤伯爵でなければならぬ。

（『都市問題』後藤伯爵追悼号〈一九二九（昭和四）年六月一日、東京市政調査会〉）

後藤伯とビーアド博士（一九二九年六月）

鶴見祐輔

一

ビスマルクの一番の親友は、米国の史家モトレー[1]であった。そういう意味において後藤伯の親しい友人は、外国人のうちに沢山あった。もちろんモトレーとビスマルクのように同学の友というのではなくて、多くは中年以後にできた友達であった。しかし、かなり深いところまで相許していた人々がある。

私の知っている限りにおいて、その一人はキリスト教青年会のモット博士[2]で、いま一人がビーアド博士である。それが偶然にも二人とも米国人であることが不思議である。この二人の人は、後藤伯に対しては随分深い尊敬の念を抱き、また親愛の情を持っていたと思う。私に向って二人の人が語った言葉のうちにも、それが明らかに看取せられた。

また故人の側においても、この二人者に向っては、並々ならぬ敬愛の心を傾けていたようであった。

人種を異にし文化を別にする人と人との間の友情には、同文同種の者の間にあるとは、また変わった別種の味のあるものである。それは同国人では見られないような特有な角度から眺め合うから、自然同国人同志とは違う味の友情が湧くのであろう。ちょうど、太平洋上から富士の峰を望むようなもので、陸上に住む人では見られないような姿が海上の遊子の眸(ひとみ)に墜ちるのだ。

そんな意味において、故人の持った数々の友人のうちで米国の史家チャールズ・エー・ビーアド博士は、ある特殊な型の友人であった。

二

初めて後藤伯がビーアド博士に会ったのは、大正八年五月の中頃で、ニューヨークの雑誌ニュー・リパブリック社の夜宴の席上であった。

それは同社の主筆のクロリー氏が、藤伯と新渡戸博士を主賓として、招待して、いろいろの米国の思想家を引合わすための集まりであった。その折、ビーアド博士がやはり相客として来ておられた。当時ビーアドさんは、ニューヨーク市政調査会の専務理事をしておられたのであった。しかしその晩は、藤伯の方では別に市政の問題を話そうとしていたのではなかったので、多く労働問題や社会運動について、来客と雑談していた。したがって故人はその晩はビーアドさんから深い印象を受けたとは思われない。

米国市政の調査を報告すべし

ところが偶然なことから、故人はビーアドさん並びにその一家と切っても切れないような深い関係を結ぶようになった。それは、藤伯が大正九年の末に、不意に東京市長に就任したためである。

その時分私は、在外三年の長い旅の末期でニューヨークにいた。すると日本から一通の飛電が届いた。

「米国市政の腐敗並びにその矯正運動に関し、至急調査して報告すべし」

というのであった。

そのとき私の脳裏にすぐ来たのは、

「ビーアド博士に相談するのだ」

ということであった。

それは私がその前年の秋、ビーアド博士の講義を、ニューヨークのニュー・スクール・オヴ・ソーシャル・リサーチェスで聴講したことがあって、その後一二度面会していたので、同博士に聞いたら何か手掛かりを得るであろうと思ったからである。

私が手紙を出すと、すぐ返事が来たので、私はマディソン・スクエアー・ホテルに博士を訪れた。するとこれから二三日して家族づれで欧州にゆくのだということで、一家族を私に紹介された。私の来意を聴くと、すぐ、

「それは、ニューヨークの市政調査会へ往って、お調べなさい」ということで、紹介状を同会専務理事のギューリック博士に書かれて、

市政腐敗に対する匡救策

「米国の市政がひどく腐敗して、どうにもこうにもならなくなったとき、一部有志の者が考えましたことは、かかる市政の腐敗というようなことは、感情的に一時的に浄化しようとしても、決して奏功するものではない。市政の腐敗するのは、腐敗すべき理由があるからだ。ゆえに近

代社会生活において、なぜに市政は腐敗するか、その病弊はどこにあるかを、科学的に調査して、これに対する匡救策を、また科学的に研究しなければいけない。

そう気が付いて、有志の寄付金をもって作ったのが、ニューヨーク市政調査会でありますから、ここに往ってこの会の事業を研究なされば、必ず有益な材料が得られましょう。」

ということであった。

そこで私はすぐ、ニューヨーク市政調査会にいって、約一週間ほどかかって、いろいろな人に会って材料を収集し、これに相当長い報告書を付けて、日本の後藤伯のところへ送った。するとすぐ手紙が来て、日本でも同様の調査会を作ることにするから、さらにできるだけ材料を集めて送れとの事であった。

その時分には、ビーアドさんは、もう欧州に渡っておられた。

三

市政調査会を東京にも

大正十年の五月に私が東京に帰って見ると、藤伯は私に、

「これはまだ内々であるが、ニューヨークの市政調査会と同じものを東京に作るつもりで、今安田善次郎翁と相談している。多分老人が金を出すだろう」

ということであった。

いよいよ安田老人が金を出すと決まり、調査会もできると定まると、藤伯はすぐ私に、

「米国からビーアド博士を呼びたいから、すぐ手紙を出せ」

との事であった。

そこで私はかなり長い手紙を書いて、渡日方を勧誘した。それが大正十一年の二月であったと思う。すると三月の末ごろビーアドさんから、一通の簡単な電報が私宛てに届いた。

「来翰多謝、本年九月貴国に往く」

と。

私はあまりに簡単に、確答の来たのに驚いた。間もなく手紙が来た。米国のしかかりの用事をしまって、一家族をつれて九月に日本に往く。日本は自分の久しく研究したいと思っていた国であるから、今その機会の到来したことを感謝する、というのであった。

ウエルズに日本歴史を書かせたし

これは余談であるが、このビーアド博士招待と同時に、藤伯は今一人の外国人を呼ぼうとしたのであった。それは英国の文豪ウエルズであった。当時はウエルズが世界歴史大系を出して、世界の読書子をあっと言わした時分であった。私がウエルズの話をすると、

「そのウエルズを招いて、日本歴史を書かしてみたいな。日本民族の生活というものは、世界で特別なものだ。これをすっかりウエルズの頭に入れて、彼の見た日本民族史というものを書かしてみたい。自分の客として招きたいからすぐ手紙を出してくれ」

とのことであった。そこで私はウエルズとロンドンで一面識があったので、長い手紙を書き送った。するとウエルズはスペインの旅行先から、ハガキで、自分は日本に興味がある。もっと知り

たい、といった風な簡単な便りがあったが、私も不精し、むこうも不精しているうちに、この方だけは、とうとう物にならずに済んだ。惜しいことをしたと後悔している。

四

大正十一年の九月の中頃、ビーアドさんの一族が、横浜についた。電車で東京駅につくと、山高帽にモーニング姿の藤伯はプラットフォームに立って出迎えていた。そうして、ビーアドさんと二人だけで自動車に乗って、帝国ホテルに往った。これをわざと二人だけにしたのは、実は私のいたずらであった。それは後藤伯は、傍に人がいるとすぐ通訳さす癖があったから、通訳なしにして、ビーアドさんと二人ぎりにしておけば、やむを得ずドイツ語で二人で話すであろう。すればかえって仲がよくなる基(もと)だと、思ったからである。

自動車から降りたとき私が、ビーアドさんに、

「お二人の話はどうでした」

と訊いたら、あの人の癖で、愉快そうに高笑いしながら、

「アハハハハハ。二人でドイツ語で話をした。私の錆びついたドイツ語でね」

と言った。

私の錆びついたドイツ語という字のうちに、千万無量の意味があった。私もおかしくなって、噴き出した。

私の錆びついたドイツ語で

それから半カ年の滞在中、二人は二人ぎりのときは、「いわゆる私の錆び付いたドイツ語」で、盛んに話し合っていた。そうしては、言葉がゆき詰まると、顔見合わせて、アハハハハハと高笑いしていた。

それから、後になって二人は都市問題の講演のため、関西一帯の旅行をした。ビーアド博士は英語で講演し後藤伯は日本語で演説するのだから、お互いに解らなかった。これを二人は互いに「お互い同志の苦痛――ゲーゲンザイティーゲ・シメルツ」と呼んで笑っていた。

しかし二人でドイツ語で会語するのも、かなりゲーゲンザイティーゲ・シメルツであったろうと、私は思ってあるユーモアを感じていた。

そんな風にして二人の人は、年齢と言語と人種とを飛び越して、だんだん親しい友達となっていった。

年齢・言語・人種を越えて

五

東京についた翌晩、後藤伯はビーアド博士のために、銀行倶楽部で晩餐会を開いた。首相が加藤友三郎子、外相内田伯、伊東伯などが見えた。かなり重要な夜宴であった。それはビーアドさんにある感慨を与えたであろうと私は推察する。

ビーアド博士は現代米国の有する進歩的思想家の一群に属する学者で、その二十幾巻の浩瀚(こうかん)なる著述は、政治、外交、経済、法律、歴史の各方面にわたり、かつ折々新聞雑誌に発表する論文は、世上の注目を惹いていた。ことにその著書は大学および中学の教科書として採用せられ、毎年五十万部の売行きを見る勢いであった。

学問自由の問題に殉じる

永くコロンビア大学の教授をしておられたが、学生人気の焦点たりしにかかわらず、学問自由の問題に殉じて、教職を去って独立自由の著述家となった。わずかの期間、ニューヨーク市政調査会の専務理事たりしほかは、全然独立自由の地位を守って専念学問研究に精進しておられた。

博士が学問の独立と自由とのために立ったのは、米国が対独宣戦をした当時であって、当時の米国社会の空気が著しく反動的であった結果、博士はそれらの熱狂したる反動主義者よりかなりの迫害を蒙った。しかし、敢然としてその地歩を守り、寸毫（すんごう）も譲歩しなかった。

その余波のいまだ全く収まらないうちに日本に招かれて、来て見るとほとんど国を挙げての歓迎であったので、博士とその一家の人々は、ひどく感激してしまった。ことにその東道（とうどう）の主（しゅ）〔客をもてなす主人〕として、博士を案内して歩いた後藤伯の親切に対しては、深く感動した。

東京市政論を発表

東京滞在中は、博士は帝国ホテルに泊って、毎日東京市政調査会に出勤して、いろいろの研究を指導し、調査会の組織を補助した。そうして、当時東京市長たりし藤伯の依頼によって、東京市の研究を初め（ママ）、実地の踏査と文献の研究とによって、東京市政論を発表した。

しかし博士は、同時に街頭に出て、東京市民のみならず、大阪、名古屋、京都、横浜、神戸の各都市に講演を試み、市政問題に関して一般市民の注意を喚起した。そうして後藤伯は、ほとんど影の形に添うごとく、博士と行を共にして、民衆の前に立って、同じく市政の問題について講演した。

博士の所論はいかにも時代の要求に適合していたので、その言論はたちまちにして日本識者の注意を囚え、同時に一般民衆の興味を喚起した。ある年若き政治学教授は、その当時私に書を送って、

「ビーアド博士の渡来は、日本における政治学研究上の一転期を画する。従来、中央政府の研究に偏したる日本の政治学は、必ずや将来、都市問題の研鑽にその嘱目を転ずるであろう」

と言った。

ビーアド博士の所論の影響のいかに広汎なりしやは、その後七年を隔てて行われたる今年の市会議員選挙においてすら、日本各地の新聞に博士の往時の議論を引用せるもの、両三に止まらざりしをもって、窺い知ることができる。

しかしながら、ビーアド博士をして、かくのごとき足跡を日本の学界と実際界に印せしめたるは、藤伯の力によること決して僅少ではない。藤伯は常に細心の意を用いて、ビーアドさんを日本の市民の前に大きく見せていたのである。ゆえに、二週間の関西旅行を終わって、京洛の地から東都に帰ると、ビーアドさんは、わざわざホテルから手紙を書いて、共に京洛の秋色を賞したることを感謝し、その感興生涯忘るることあたわざるべしと付加した。

ビーアドさんと藤伯との友情は、こうして深くなったのである。

六

高潔なる心事

しかし特に藤伯を感動せしめたのは、ビーアド博士の高潔なる心事であった。博士は渡日早々、私を通訳として藤伯に言った。

「私は日本研究の好機会を与えられたるものとして、今回の御招待を感謝します。したがってここに一つの御願いがあります。それは私の僅少なる努力に対して、何らの御礼をして下さらぬということである。金銭としても、またその他の方法によっても」

と。

それで博士は、とうとう報酬を少しも受け取られなかった。また、叙勲や御下賜品の御沙汰のあるやの噂のあったときにも、

「どうか、日本政府は私に対して、何の名誉も与えないで下さい。私は帰米の後、誤解せられたる日本のために弁じるつもりだ。その時私が、何か日本から貰っていたのでは、言論に力がなくなる。それはかえって日本のためにならない」

そう言って固辞せられた。

その終始一貫した高潔な心事が、深く藤伯を動かした。

欲のない人間

「欲のない人間にも困るなあ」

そう言って、故人はよく笑った。実際、ビーアドさんにはお礼のしようがなくて、困りぬいてい

たようであった。その当時の事情は、岡実氏や松本幹一郎氏がよく知っておられる。

七

ビーアド博士一家は、三月の末に東京を発って台湾を経て支那に遊び、五月に日本を経て帰米した。

後藤伯の真の偉大さを知る

その台湾と支那、満洲の旅から帰ったときに、博士はしんみりとした口調で私に言った。「台湾に往って見て、初めて後藤伯の真の偉大ということを知った。彼の台湾における仕事というものは、世界の殖民史上特筆すべきものだ。満洲もまたしかり。」そう言った。

「調査の政治家後藤男」

ビーアドさんのことに感心したのは、後藤伯が到る処に研究所や調査局を作って、科学的に研究しつつ実際の仕事をしたという点であった。この点を博士は、米国に帰ってから「調査の政治家後藤男」という題で発表した。

世界で一人の理想の政治家を発見した。それは後藤伯だ。何となれば、科学に基礎を置くということが二十世紀の政治家の最大要件である。しかるに今日、世界には、本当に科学の解る政治家がいないのだ。ただ日本の後藤伯はその単なる一人である。というようなことを書かれた。

その点において、ビーアドさんは、故人の知己であったと私は思う。

八

大正十二年九月一日、卒然として日本国民の頭上に落下したのが関東大震火災の鉄槌であった。そのとき成立した山本内閣の内務大臣に就任した後藤伯は、直ちに米国のビーアド博士に打電して、

「東京市復興計画を補助するため、即刻御来朝を乞う」

と言い送った。

響きの物に応ずるごとく返電が来た。

「すぐゆく」

帝都復興計画に没頭

そうして九月末には、ビーアド博士夫妻の姿が横浜の焼土の上に立っていた。それから東京につくなり博士は他目（よそめ）も振らずに帝都復興計画に没頭した。彼は痛ましき灰塵（かいじん）の帝都を見て泣いた。そうしてこの日本と東京とのために、昨年の友誼（ゆうぎ）に応えんとして尽瘁（じんすい）した。

当時後藤伯は、ヨッフェ招待事件の余波をうけて急進主義者なりとの嫌疑を蒙（こうむ）り、さらに大杉事件のことより無根の誹謗を受けて、生命の危険日夜身辺に蝟集（いしゅう）した。しかして一方には内務大臣と復興院総裁との仕事より、四方八面の反対を受けて孤軍奮闘していた。それがために、伯が震災の翌夜立案した帝都復興の根本案は、内閣において修正削除の難に会いたるのみならず、帝都復興審議会の大反対を被り、さらに衆議院多数党の大修正を受け満身創痍の姿であった。

その時伯の前にあった選択は、大修正を丸呑みすべきや、これを一蹴して議会と決戦し、ないしは決戦案閣議の容るるところとならずんば辞職すべきや、の二途のうち一であった。

大修正を丸呑みに

伯は、焼尽したる帝都の人心を安定せしむるためには、復興案は一日を忽にすべからず、と為して大修正を丸呑みにするの決心をなした。

この時伯の知人にして、これに反対したるものは少なくなかった。その強硬なる一人が、ビーアド博士であった。博士は十月の末日、一書を後藤伯に送って、原案を固執すべきことを力説した。

その文の大意は、

「生は政治を知らず、ゆえに現代日本の政治に処するの途のいかなるを賢とするやを知らず。ただ生は一介の歴史家なり、ゆえに歴史家たるの立場より、この一文を草して閣下に贈る。情激して、文辞体を為さず、あるいは礼を閣下に失するの点あるべしといえども、幸いに積年の高誼を回顧せられ、生の非礼を許して、ただ赤心を汲まれんことを。

帝都の復興は永久の事業なり

閣下よ、帝都の復興は永久の事業なり。山本内閣の存否は一時のことのみ。一をもって、他に代うるべからず。閣下の復興案は、日本国民の悠久なる福祉の因なり、反対者の修正案は、目前的糊塗策なり。断じて譲ることなかれ。議容れられずんば、即刻辞職せよ。

閣下よ、今日のために建設することなかれ。永遠なる明日のために建設せよ。

生は歴史の研究者としてかく言う。妄言多謝」

と。

文辞壮烈、惻々として人を動かすの概があった。

それを見て後藤伯は、しばらく黙っていた。そうして、

「理論はその通りだ。しかし、それは書斎人の言葉だ。実際の政治は、そうはできない」

と言った。

書斎人と街頭の人

その翌月早々、博士は行李をまとめて、米国に帰った。

しかし、両者の間には、微塵も隔たりはできていなかった。書斎人たる博士と、街頭の人たる藤伯とは、歩む途を異にしつつも、釈然と相許していた。

その翌年、私が米国で博士の山荘に泊っていたとき博士は、兄に対するような親しみをもって、藤伯のことを語っていた。

「もう一度、日本にゆきたい」

博士と夫人とは、しんみりとそう言った。

「そのうち機会を作って、もう一度米国へ参ります」

という伝言を、私は藤伯から博士一家へ持っていっていたのだ。

ある寒い冬の日、私はニューヨークのビーアド博士の家で、暖炉を囲んで夜更けまで話し込んでいた。

二人で後藤新平伝を

突如としてビーアドさんが、

「おい、オールドボーイは今ごろ、日本でどうしているだろうな。偉い人だね。おい」

と、ビーアドさんは、急に生き生きした表情をして、

「おい、二人で後藤新平伝を、英文で書こうじゃないか」

と、叫んだ。

「よかろう!」

そう言って私は、彼の手を握った。


（昭和四年五月二二日）

注

（1）ジョン・L・モトレー（1814-1877）アメリカの歴史家・外交官。オランダ史に興味をもち、『オランダ共和国の興隆』『オランダ連邦史』を書いた。

（2）ジョン・R・モット（1865-1955）YMCA指導者。一九四六年ノーベル平和賞受賞。後藤は来日中の万国キリスト教学生連盟大会出席者を招待して演説、モット博士が答辞を述べ親しくなった。

（『都市問題』後藤伯爵追悼号〈第八巻第六号、一九二九（昭和四）年六月一日刊、東京市政調査会〉）

後藤伯追憶座談会より（一九二九年六月）

内田嘉吉／堀切善次郎

（出席者）

堀切善次郎／岡　実／長尾半平／永田秀次郎／内田嘉吉／窪田静太郎

前田多門／松木幹一郎／阪谷芳郎／水野錬太郎／森　孝三

都市研究会の成立

内田嘉吉　私共が都市研究会というものを起こして……その都市研究会の会長に推薦をしていろいろ御活動くだすった。その事が市長になられるについての縁故が大いにあったのじゃないかと我々は信じております……現に都市研究会というのが設けられておりまして……この会は話の始まりは大正五年頃から起こりまして、そうして本当に会という組織を形作りましたのは大正六年の十月であって、初めてその時に公の組織立った会合をしたのであります。その時に会長に後藤伯爵を推薦して御就任を願ったのであります。当時都市計画に関する事についての色々の御心配があって、ここにおいでの水野君なども内務省におられて、その問題には非常に色々お骨折りになって、大正七年の三月帝国議会に都市計画調査費というものを要求して、それが通過になり、内務省に都市計画課ができ、併せてその都市計画調査会を設け、その決議によって都市計画法および市街地建築物法が大正八年に議会に提出せられ、この二つの法律が通過して公になったのは十一月です。その法律が出ましてから都市計画調査会では都市計画の宣伝をするために、主として最初この法律を実施しました東京・大阪・神戸・京都・名古屋・横浜、この六大都市に講演をして、都市計画法の趣旨の宣伝につとめ、後藤会長率先してたいてい主だった所の会合には自ら出席せられたのであります。

都市計画法・市街地建築物法公布

ところが大正九年十二月頃、東京市に面倒な事が起こって、当時田尻さんが市長であられまして、十二月の初めころ辞職するということになった。その際、十二月十一日、工業倶楽部で都市研究会の名で色々な方々にお出でを願って、市政の改善を期することの御相談を申上げ、まず第一着手として、東京市十五の各区に各々講演会を開く、十二月十六日から二十日まで、各区に大体一カ所、主に学校で講演会を開き、一日に少なくも三カ所で講演した訳であります。後藤会長初め都市研究会の人、ならびに研究会に直接関係のない方まで願ったのであります。

市民の意見を聴く

その当時これも後藤会長の発意で、市民全部に往復葉書を出して市民の意見を聴こうということになった。当時、公民権を持っている人は、たしか六千人くらいと記憶しておりますが、三カ条の問題を掲げて、約千何百の回答に接したのであります。それを二階堂という統計の専門家に頼んで、分類をこしらえて統計的調査をしてもらいました。翌年の五月にまとまってその結果を各区にわたって第二回の報告会を開き、市政の革新について注意を促したのであった。

その間に田尻さんの辞職で市長を選ばねばならぬということで、十二月の七日頃、市長の選挙があった。そして十一日、渋沢子爵がお出になって、後藤さんにやって貰いたいという意見があって満場賛成した。当時、桐嶋君が市会の議長をやっておられて、そのことを私の所へ報告して来た。翌日、後藤さんの所に訪ねて行ったが、後藤さんは新宿の浜野君が鴨猟をする別邸に行っておられたのでそこに行って事情を話したところ、「ウン」とは言われなかった。その後、原さんからも市長に推薦があったが、後藤さんは、大調査機関設置という国家に必要な仕事があるので、もし政府がそれを必ず容れてくれるなら、自分も政府の意にそうて市長に就職しようと話された。そこで原さんに要求した大調査機関の問題は政府において篤と考えてくれる、また一方で民間の有力な人達が、後藤伯爵を訪ねてはしきりに恃まれるものだから、ついに承諾して就職された。……

「できるだけ手許に現金を用意しておけ」

堀切善次郎　震災の時に後藤さんが内務大臣で、大臣官舎で色々私どもが仕事をやっておるところにお出になったのがちょうど九月二日でありましたが、私すぐ大臣の所に呼ばれて一番先に聞かれたのが、私会計課長をやっておりましたので、「現金は幾らあるか」ということを聞かれました。それで私は当時一万円の現金を持っておっていろいろ節約して無理をして出しておりました。「よしこういう際には現金でなければ何事もできないのだから、できるだけ手許に現金を用意しておけ。自分はここに来る時分に麻布の区役所に寄って、手許にあった現金を千何百円か寄付してきた。こういう際には現金でないと仕事ができないんだ」ということを言われました。

これはその通りで、一万円の現金は私の方ではすぐ無くなってしまって予算を取ったりして常に沢山現金を取って用意しておりましたが、あの時に後藤さんという人はよく気の付く人だ、適切な事を言われる人だと敬服いたしました。

それから復興の計画はいろいろ池田さんや何かの方でやっておられましたが、その当時は二十億円か十五億円位の計画の時であったと思います。それを十億円の計画に、少し小さくしてくれということを言われたことがあるのです。何か材料をよこされて、私が技師の話を聴いて勝手のものを作ってみたことがあるのですが、……それが色々研究されたと思いますが、そういうような事もありました。それからその時に私が非常に敬服したのですが、横浜に行って見られて直ぐ横浜の事も帝都復興計画の中に入れられた。……後藤さんは横浜を帝都ということで東京の中に入れられてしまった。

区画整理完成式に臨席

それから後は、私が復興局に来てからですが、大分仕事も進捗いたしましたので、後藤さんの所に行って、一遍実地を見て頂きたいと言いましたところが、非常に喜ばれて……日を決めて東京市内を終日方々を御案内したことがあります。それが一昨年の暮ロシアへ行かれるちょっと前です。……それから横浜の方にも行って……去年の夏御案内いたしました。……今年の一月か二月に深川の古市場の五十八地区の区画整理が全部完成してお祝いの式がありました。区画整理が終わってお祝いの式の時には何時でも後藤さんの所に行ってお出を願っておりますので、その時も……深川の祝賀会場に臨まれまして祝辞を述べられました……

それから……三月の二十九日か三十日……電話が後藤さんの方から掛かってきて……明日役所に行くからということで翌日役所に来られました。それで地図や何かを御覧に入れて最近の事情をお話申したところが大変満足をされておった。……その時には私の心持ちですが何だか元気が衰えておられたようでありました。……四月の二日に……これから役所に行くということで……すぐやって来られまして、私の部屋にお通しいたしますと、すぐに懐からタイプライターで打った帝都復興院奉職当時の功労者、宮尾さん、松木さん、池田さん、山田君、その他数人の功労者を書いた物を私に渡された。「これをよく読んでくれ」と言われて帽子を手に持ったままですぐ帰られた。……これが復興事業の功労者であるから覚えておってくれと……考えてみると、あれが遺言のように思われるのであります。

昭和四年五月十日　後藤伯の四七日の日　日本倶楽部において

（速記者・喜田川孝太郎）

（『都市問題』後藤伯爵追悼号〈第八巻第六号、一九二九（昭和四）年六月一日刊、東京市政調査会〉）

東京市民の大恩人後藤伯を偲ぶ（一九三〇年四月）

水野錬太郎

諸君、本日故後藤伯の追悼会を催すに当りまして、ここに追悼の辞を述べますことは私の光栄であると同時に、追懐の情に堪えないのであります。

申すまでもなく伯は内政におきましても、植民地経営におきましても、外交方面におきましても、はたまた都市行政におきましても、幾多の貢献を為され、幾多の事績を遺されましたということは、皆様の御承知の通りであります。また在野の人と致しまして、社会公共的事業につきましても、各方面の仕事に関係せられたのであります。現に今日の追悼会の主催者としてのこの十七団体のごときは、あるいは創設者となりあるいは会長となって、その発展に努力尽瘁せられたのであります。

かくのごとく朝に在られると野に在られるとを問わず、伯が一身を国家社会のために捧げられ、最後に病を得て死にいたるまで活動せられておったということは、これまた皆様の御承知の通りであります。これらの諸事業に関しまして伯の功績を述べますれば、日もなお足らないのであります。故に今日は総てこれらの事を略しまして、市民追悼会と致しまして、単に東京市の恩人としての伯の事績の一端を申し述べたいと思うのであります。

後藤の復興事業

私は伯とは多年の厚誼を辱うし、あるいはその下に在り、あるいは閣僚としてともに倶に国家の事に当ったのであります。後藤伯といえば、誰もの頭に上るのは東京の復興事業であります。東京市の復興事業は大正十二年九月の大震火災のために東京市が灰塵に帰しましたによりまして、当時伯は内務大臣でありましたから、この事を計画せられたのであると思っている方が多いのでありますが、また事実その通りでありまして、復興事業の近因は大震火災によったことはもちろんであります。しかしながら東京市の帝都としての建設の事は、伯の胸中に遠く遠くその昔にあったのであります。大正六年に伯は第一次内務大臣となられたのでありますが、当時私はその下に次官として職に在ったのであります。伯は都市計画ということにつきましては最も深く意を致されまして、伯の在職中に都市計画法なるものが制定せられたのであります。伯が内務大臣として第一に考えられたる事は帝都の改善建造という事であったのであります。

台湾の経験

さらにまたその昔に遡りますれば、帝都建造の動機は、伯がさきに台湾において民政長官として新領土経営の事に当られた時に始まっているのであります。明治二十七八年戦役後、台湾を領有しました当時におきましては、台湾の諸都市は極めて乱雑荒涼の地であったのであります。伯が民政長官として就任せられまするや、第一にこれらの諸都市を改造して文明都会となすの必要を認められまして、交通、衛生、美観の点より都市の完全なる計画を立てられて、それが実現せられて今日の立派なる文明的都市が建設せられたのであります。この経験に基きまして、伯は東京市の建設という事を胸中に蔵せられておったのであります。

大正九年伯が東京市の市長に就任せられますや、御承知のごとくいわゆる八億円計画なるものを立てられたのであります。その思想の根底には、遠く台湾における経験に基きまして東京市を立派にし、帝都として恥ずかしからざる都にしたいという考えに出たのであります。

八億円計画と申しますれば、当時、「また後藤の大風呂敷が始まったぞ」というような批評があったのであります。なるほど八億円と申しますれば、いかにも大風呂敷であるがごとく見えたのであります。しかしその計画の内容にわたって巨細に検討致して見ますれば、深き根底ある調査に基いているのであります。この計画を実現致しますれば、確かに東京市の面目を一新し、東京市民の幸福をもたらしたに違いないのであります。この計画は伯が東京市長としての在職長からざりしがために、遂にその実現を見なかったのであります。しかるに大正十二年の大震火災がありましたために、この時機においていわゆる復興計画なるものができたのであります。しかしてその復興計画なるものも、この八億円計画がその基礎となったのであります。

ちょうど大正十二年九月大震災後に山本内閣が成立したのでありますが、伯は内務大臣として大命を拝されたのであります。当時私は前任内務大臣と致しまして、内務大臣官邸の庭におきまして、帝都に火がなお燃えつつあり、地がなお揺れつつある際に、事務の引継ぎを為したのであります。その時伯は私に向って「今や東京市は灰塵に期して昔の武蔵野の原になったのである、この時こそかねての考えである東京市を再建し立派なる帝都となすべき時機である、禍を転じて福となすのはこの時のほかはない」、という事を言われましたが、伯のこの言葉は今日なお私の耳に残っております。

震災の禍を転じて福となす

故に復興事業は大震火災に遭遇して、伯が突発的にいわゆる一夜漬に考えられたのでなく、遠き遠き昔より伯の胸中に存しておったのであります。

さきほど井上準之助君から申されましたごとく、伯の理想の計画は、さらにさらに大々的のものであったのであります。街路の整理はもちろん、水路運河、東京湾の設備、上水下水の改良、庁舎、学校、市場、病院等の社会政策的施設もその中に包含せられてあったのであります。しかるに財政上その他の故障のためにこの計画は縮小せられたのであります。しかし大体において復興の事業は完成致されまして、東京市の旧時の面目を一新したということは、皆様の御覧になっている通りであります。当時この計画に対して幾多の批評はありました。また世間の非難もありました。しかし今日においてこれを見ますれば、この復興計画なるものは確かに市民に幸福をもたらしたものと言わねばならぬのであります。

畏くも　天皇陛下には去月二十四日を以って親しく復興街路を御巡幸あらせられたのでありま

す。また同二十六日には宮中において特に復興奉告祭を行わせられ、なお伊勢神宮、桃山御陵、多摩御陵にも勅使を差遣せられ復興の御奉告を遊ばされたのであります。また当日市民歓呼の裡に盛大なる復興式が挙行せられましたことは、まことに東京市民に取りましては無上の光栄であると同時にこの復興事業がいかに画時代的の大事業であるかということを示すものであります。しかしこれは必ずしも独り後藤伯のみの功績と申しませぬ。この事業に関係せられました復興院、復興局の吏員諸君の精勤苦心ならびに東京市民の公共的奮闘努力の致す所であるということは申すまでもないのでありますが、この事業の基礎を造られたのは確かに後藤伯であります。それ故に吾々はこの事業の第一の功労者として伯に感謝することが当然であると思うのであります。

次にまた今日かく多数ここに集まっておられまするこの建物すなわちこの公会堂これも、伯の遺物として永久に市民の記念すべきものであります。もとよりこの公会堂建設の費用は、御承知のごとく安田善次郎翁の醵出に係るのでありますが、翁は後藤伯の市政に対する熱誠を認め、伯を信頼してこの資金を贈呈したのであります。ゆえにこの公会堂の建設は伯の事業と申しましても、決して差支えないと思うのであります。従来東京市は帝都たるにもかかりませず、一つの公会堂もなかったのであります。これは市の面目から申しましても、はたまた実用の上から申しましても、実に遺憾を感じておったのであります。しかして東京市におきましては市の財政上、公会堂を建設する余裕がなかったのであります。安田翁が後藤伯を信ずるの余り、後藤伯に巨額の資金を寄贈して、その結果この公会堂の建設を見るにいたった次第であります。しかしてこの公会堂を建設するにつきましても当時種々の故障、幾多の困難があったのであります。一時はこれを中止せねばならぬかということまで相成ったのであります。しかし後藤伯の熱誠と、後藤伯の声望とが、ついにこの支障と困難を排除してこの事業を完成し、ここにこの公会堂の建設を見、東京市民としてこれを利用し得ることに相成ったのであります。

しかしながら公会堂は一の有形的建物に過ぎないのであります。永き歳月の間にはあるいは腐朽することもありましょう、あるいは頽廃することもありましょう、あるいは灰塵に帰することのないとも申されないのであります。しかるにこの有形的建設物以上に遠く永く市民のために貢献すべき伯の事業が今一つあるのであります。それは何であるかというと、市政調査の事業であります。伯は安田翁寄贈の資金を以ちまして、市政調査会なるものを設立し、東京市の制度事業に関しまして根本的の調査研究を為す機関とせられたのであります。この機関は市政に関する各方面の調査を為しまして、現在ならびに将来に渉りまして、東京市政に多大の寄与貢献を為し、永遠に市民の福利を増進することと相成ることは、私の信じて疑わない所であります。

市政調査会の設立

かくのごとく復興事業と言い、公会堂の建設と言い、市政調査の事業と言い、これみな伯の遺された偉大なる事績であります。しかしてこれは伯でなければ為し得ない事業であったと思うのであります。この点より申しましても、後藤伯は東京市民の永久に忘るべからざる恩人といわなければならぬと思います。この偉大なる恩人は今や逝きこの世に亡いのであります。吾々はこれら事業の完成をこの恩人に御覧に入れてその悦びを頒とうと致しましても、幽明境を異にし、あの麗しき、あの親しみある笑顔に接することを得ないのは実に、遺憾の極みであります。これを思いますれば、私共は真に痛恨追慕の情に堪えないのであります。

本日の一周年に際しまして、伯の遺物であるこの公会堂に皆様と共に相会し、追悼の式を催し、伯の慰霊に対しまして吾々の誠意を捧ぐることが、せめてもの慰めであります。しかしてこの誠意を表することは吾々主催者もしくは会同者のみの意向に止まらず、恐らくは東京市民一同の意思であるということは私の信じて疑わない所であります。

後藤伯の霊よ、願わくば吾々の誠意を籠めたる衷心よりの哀悼の真情をここに享けられんことを望みます。

(『都市問題』〈一〇巻五号　昭和五(一九三〇)年五月一日刊、東京市政調査会〉)

都市は市民がつくるもの（一九二三年）　チャールズ・A・ビーアド

はるか昔には多くの素晴らしい首都が、強大な力を持つ国王や皇帝によって設計され、建設されました。国王や皇帝は適当な土地を選び、技術者や家臣たちに、道路を敷き、壕〔?〕を築き、公共の建築物を建てるよう指示したのです。国王や皇帝は、その栄光と富を象徴するためにつくられた計画に基づいて、都市を建設したのです。こうした都市のいくつかは今に残っています。

その存在は、はるか昔の都市設計家の高い能力を示す証にもなっています。しかしながら、その大半は瓦礫と化してしまいました。

現代においては、広域計画に基づいて新たに建設された偉大な首都も、いくつかあります。合衆国の首都であるワシントンは、そうした都市のひとつです。この首都は力強い州の新たな連邦のためにつくられたものです。ただし、こうした都市は例外なのであります。現代の都市は、まず、絶対君主の壮大な計画に基づいてつくられるものではありません。現代の都市が首都としての機能しか持たないというのは稀なことです。現代の都市は一般的に、普通の市民の住む街でもあるのです。現代の都市の成長は、一般の人々の成長とともにあるのです。現代の都市は、そこに住まう市民の活動や労働によってつくられているのです。市民は都市をつくることも、損なうこともできるのです。大都市ではたいてい、市民が行政に何らかの形で参加しています。市民が公職に就く人たちを選出し、最終的には、都市がどのような性格を持つかを決定するのです。責任は彼らにあるのです。都市の道路が狭く、曲がりくねっていて、汚らしいならば、責めを負うべきは市民なのです。公共・民間の建物が醜悪だとすれば、これを建てた者たちが責めを負うべきなのです。その者たちとはすなわち、その都市の一般市民と役所のことです。都市に上下水道の設備や歩行者専用道路、平坦な舗装道路、高速輸送手段、十分な照明を備えた道路がないとすれば、それは人々が心からそれを欲してはいないからであり、それを手に入れるための行動を起こさないからであり、そのための費用を負担しようとしないからなのです。

「市民とは、都市に工場や倉庫や店舗をつくる者たちであり、都市の問題を自らの住まいの問題とみなすと同時に都市を自分たちの宝とみなす者たちです。都市に住まいを持つ者は、コミュニティ全体に対する責任を考えます」

現代の都市がよく計画された、美しい街であるためには、そこに住む市民が共通の目標に向けて協力することを学ばなければなりません。市民は地方自治を向上するうえでの諸問題について、考えなければなりません。市民は顧問を、技師を、科学者を呼び集めなければなりません。最善のアイディアと最も優れた文明の利器を集めるために、そうした人々を広く、遠く、世界中から招かなければなりません。市民は共同で負担すべき税を積極的に納め、公共の利益のために必要な犠牲を払わなければなりません。改革にあたっては、一人の人間が、それが誰であろうとも、魔法を使って偉大で美しい都市をつくることはできないのです。市民はそのために努力をし、都市の設計者を助け、それぞれの役目を果たさなければならないのです。現代の都市は協同の都市なのです。市政府だけで設計・計画し、管理できるものではないのです。市政府はまず市民に依存しなければならないのです。市民とは、都市に工場や倉庫や店舗をつくる者たちであり、都市の問題を自らの住まいの問題とみなすと同時に都市を自分たちの宝とみなす者たちです。都市に住まいを持つ者は、コミュニティ全体に対する責任を考えます。家庭の主婦も、店主も、工場主も、都市の建物や道路を使う人たちは街を清潔で健全に保つために全員が協力しなければなりません。要するに、偉大な都市の住民は、生き生きとした精神を持っていなければならないのです。市民はいまという時代にどのような恩恵を享受できるのかを理解しなければなりません。市民は公共の利益のために個人の利益を譲らなければならないのです。

これが現代の都市計画の精神です。これが、私は確信を持って言いますが、東京市長であり、市政調査会の会長であり、私がその指示の下で働く光栄に浴しております、後藤子爵の精神であります。

従って、私は自分自身の主張としてではなく、皆様のお国の人であり、この国に生まれ、この国を愛し、この国をよく知る人である後藤子爵の主張として、皆様にこのお話をさしあげているのです。後藤子爵は私よりもよくご存知なのです——都市の命運は、その都市の人々の手中にあるということを。

(DePauw University Archives and Special Collections, **丸茂恭子訳**)

後藤子爵と東京の復興（一九二四年四月）

チャールズ・A・ビーアド

昨秋九月、日本大震災の急報が突如として海外の諸国に伝わるや、天下愕然、同情は一致合同として日本の上に集まり、列国は時を移さず日本救済の事に奔走したが、その後焦眉に迫る救済の事情も一段落を告げ、人心ようやく平静に帰するにおよんで、列国における都市行政および都市計画の研究に従う者は、ようやくその眼を東京市の上に転じて、同市の復興事業に多大の注意を払うにいたった。回顧すれば一六六六年、かの有名なロンドンの大火によって同市の四分の三が焦土と化した以来、今回の大震災のごとく、大都市の大部分が破壊されたことは始めてのことである。実に今回の日本の大震大火は帝都の約三分の二を灰塵と化したのであって、猛火の及びたる処、万物を焼き尽くして、一物を止めず、唯、稀に散在する煉瓦、石造またはコンクリート造の建築物の廃墟が淋しく荒地にその残骸を留むるのみである。

果たして日本国民はよくこの千載一遇の好機を捉えて過去の不完全極まる都市の構造を改め、近代的合理的の大都市を建設して、以って次に来たるべき大災厄に備うるの明ありや、はたまた、彼らもまたロンドンおよびサンフランシスコの失敗の跡を踏み、何らの計画もなくいたずらに旧来の道路網に添うて旧市を復活するに過ぎざる姑息の道を撰ぶべきか、実にこの疑問こそは、いやしくも都市計画および都市行政の事に志す者の胸中に期せずして抱かれた疑問であったのである。震災以来、数月の光陰はすでに経過した。しかしながら今日といえども、この疑問に断定的の回答を与うるには未だ尚早である。唯今日までに明らかとなった二三の事実ないしは材料をここに収集してこれを研究して見たならば、この問題を解く幾分の助けとはなり得るであろうと思われる。

日本における都市行政

本論に入るに当たり、まず第一に吾人の記憶しておくべきことは、産業的大都市なるものは、日本にとっては全く最近の産物であるという一事である。日本に蒸気機関の音が始めて聞こえるようになってから、今日までやっと五十年ばかりのことである。わが米国におけると同じく、日本においても、商工業の大中心地といえば、多くは過去五十年間に、忽如として出現した都市である。横浜はどうであるか、海の此方（こなた）わが米国においてリンカーンが大統領の就任式を挙げた当時には、横浜は甚だ渺たる一漁村に過ぎなかったのである。それが僅か五十年を経た一九二三年の九月一日には実に人口五十万を擁する近代的大海港と化していたのである。神戸また然りであって、かのペリーが始めて、日出ずる国の夢を驚かした頃には、今の神戸の地には見る影もなき漁家が点々散在していたに過ぎなかったのである。日本のマンチェスターと呼ばれ、現在百万以上の人口を抱擁する大阪でさえ、現世紀の初年には僅かに三十三万二千の人口しかなかったのである。しかしてこれらの諸都市は、あたかもわが米国において、シカゴ市が南北戦争後、急激なしかも無秩序な大発展を遂げたのと同様に、予め立てられたる組織的計画によれるにあらず、また何らの確定せる方針にも則れるにあらずして、ただ漫然、自然の勢いにまかせて発展し来ったのである。

しかしながら、少しく日本の実情を研究して見れば、かくのごとき現象は決して怪しむに足らぬことを発見し得るのである。けだし日本の政治家は従来多く国政または外交のことに没頭して、また都市の行政を顧みるの余裕を持たなかったのである。また学徒も多くはこれら政治家の行き方にならって、国政または外交の研究にのみ心を奪われて、都市行政の学理を究めんと志す者は稀であった。現に一九二三年の九月において、組織的に都市行政の学を授くるために特別の講座を設けている大学は日本に一つもなかったのである。また都市行政のことに関する要領を得た日本文の教科書は一冊もなかったのである。広く海外に遊んで、仔細に諸外国の都市行政の実際を究め、一大論文を草して、自国の民を警醒したドクトル・アルバート・ショウはまだ日本には生まれなかったのである。換言すれば、科学としての都市行政に対する民衆の理解という点については、今日の日本は、一八八八年、かのジェームス・ブライスがその名著によってわが米国の都市行政組織に対し、恐るべき攻撃を開始した当時の米国民とほぼ同一程度にあるのである。

しかしながら、余が以上に述べた処は、日本には都市行政に深い注意を払い、常に西欧諸国の都政を研究調査しつつある人が一人もいないという意味ではない。主脳の地位にある人で、深甚な注意をこの問題に払っている人物は各都市にいるのである。のみならず、これらの先覚者の都市行政に対する熱心さは驚くばかりであって、彼らの勢力は、彼らが少数であるにもかかわらず、侮り難きものがある。

都市計画運動

一九二〇年、例の都市計画法なるものを制定して、議会を通過せしめたのも、実に彼らの勢力である。この法律により、東京、大阪、京都、神戸、横浜および名古屋のいわゆる六大都市に都市計画委員会を置くの制が設けられ、次いで同年の秋にはまず東京都市計画委員会が成立し、内務省内の都市計画局と相呼応して、東京都市計画の実行案作成に取りかかったのである。爾来三年間、昨秋の地震当時まで、この委員会はその事業を継続していたのである。しかしてその間、別に東京市役所内の都市計画局は独立して東京都市計画の調査に従事し、また警視庁内の建築局は帝都の区域変更に関する法令の研究に努め、また海外の留学を終えて帰朝した幾多の優秀なる官公吏または技術者等は孜々として都市行政一般のことにつき、研鑽しつつあったのである。

焼土の上に新東京建設

さりながら、日本におけるこの種の活動なり研究なりは、一部少数先覚者間のことであって、一般公衆の深い注意を惹く程度には達してはいなかった。否、根本的意義における都市計画運動の起こったのは、単に日本においてのみならず、いずれの国においても実に最近のことである。従来とても、あるいは街頭を飾り、あるいは中央広場を設け、あるいは広路を開き、以って都市の美風と便益とを増進した者は決してその数に乏しくはなかった。しかしながら、郊外生活の必要とか、商工業地域の区分とかいう問題についてこれを各方面から考察し、以って一定の計画を立てて都市を建設するという観念は、現代にいたって始めて都市行政家の胸中に宿った観念である。この点はこの方面の専門家の筆になる最近の報告書類に見るも、はたまた米国都市計画会議の年報に徴するも一点の疑いを容れざるところである。

焼土に潜在する利害関係

かく観じ来れば、日本において、都市計画のことに興味を有する者が少数の熱心家に限られ、一般公衆はこの問題に風馬牛であることは少しも怪しむに足らない。一九二三年の九月には、東京の一般市民の頭にはまだ大都市の建設について何らの準備のできていなかったことは、一九〇五年の四月におけるサンフランシスコの市民と同様であったと見て差支えない。換言すれば、東京の都市計画の局に当たる者が、常に折衝し、かつ説得しなければならない日本の政界および実業界の巨頭連中の頭には、都市計画の経済ということが、まだ会得されておらず、したがって彼らには適当な都市計画案の実行に対して協力援助する準備知識が欠けていたのである。

大地震とそれに次いで起こった大火が全市の三分の二を舐め尽くして、平地化してしまった当時の状況は上述のごときものであった。余はここに平地化するという言葉を用いたがまさにその通りである。焼失区域はただ、外見上更地（さらち）となったものの、新都市建設のことに当たる者が、その上に随意な理想通りな計画を実行し得る白紙的の更地となったわけではない。これらの土地の上にはなお幾多の実在的または潜勢的の利害が錯綜しているのである。早い話が、市内各方面に網の目のように敷かれた電車線路は数百万円の投下資本を代表するものであるが、これはそのまそっくり残っておって、まだ焼け跡の燻っている時から、すでに電車は動き出したのである。また水道やガス管のごとき地下の埋設物は、依然として旧道路の下に残っておって、これもまた幾百万という資本を代表している。単にこればかりではない、大老舗の焼跡だとか、歴史的名所の後だとかいう場所は、先祖伝来、何々町のどことして世間に知られているので、これらの花客の脳裡にしみこんでいる店と土地との連想はその店舗の独特の名物とともに、その所有者から見れば、非常な財産である。また家を失った時、不具になったりした百万からの罹災者は、自然の情として貧困とまた来たるべき冬期の生活とに脅かされて、一日も早く、まがりなりにも家屋ができまた商売が始められるようにしてもらいたいと考えている。加うるに東京には数千からの小地主があって、各自がその小権利に執着して、自己の貴重なる土地の寸土をも失うまいと死守している。焼跡の上に新東京を建設せんとする当局者の苦心思うべしである。

山本内閣の成立

この荒涼たる焦土の中において、しかも猛火がなおいまだその勢いを逞しうしつつある中において、山本内閣の親任式は挙げられたのであった。しかしていうまでもなく、帝都の復興問題はこの新内閣の眼前に横たわる唯一かつ最大の問題であった。鉄道は破壊された、停車場は焼かれた、横浜の港は大破して用はなさざるにいたった。諸官衙は一つも残らず焼失した。学校も壊れてしまった、監獄も救護所もまた同様である。要するに国家の主要部の経済的活動の源泉が僅か三日にして破壊され尽くしたのである。この結果として蒙った損害は果たして幾何(いくばく)の額に上るであろうか。またいかなる方法を以ってこの損害額を測定するべきであろうか。またこの恐るべき震災は国内の商業および海外貿易の上にいかなる影響をもたらすであろうか。また保険会社の破産はやむを得ざる処であろうか、はたまた、彼らの営業を存続せしめるだけの妥協の道は無理にでも講ずべきであろうか。また国防力の回復はいかにすべきであろうか、さらにまた、米国がこの機を利用して、武力的攻撃を日本に加え、以って一気に支那問題にまつわる日米の争奪戦を解決する挙に出る心配はないであろうか。かかる問題こそは実に震災の直後、山本―後藤内閣の面接した喫緊の大問題であったのである。

加うるに最近日本においてもデモクラシーの思想は澎湃として起こり、積年資本家と地主との結合によって維持され来った階級政治に対する挑戦の声は日本全国にひろがるにいたった。いうまでもなく、冷評家はこれらの新運動に対し、彼らまた何をよくせんやとてこれを一笑に付し去った。しかしながら、西欧諸国に起こった革命や騒乱の歴史に通じ、その因って起こった淵源を審らかにするものは、今日の日本の社会においては、とうてい昔日の手段方策を以ってしては、その根底に横たわる不安を除去しあたわざるを知り、何とかして、今少し確乎(かっこ)たる社会安定の道を講ずるの必要を痛感しておった。

かかる難局に際し、召されて内務大臣兼帝都復興院総裁の重職に就いたのがすなわち子爵後藤新平その人である。いうまでもなく、内務省は全国の各都市および地方政庁に対し一般的の監督権を有し、また帝都復興院は東京横浜両市の復興事業を計画遂行するために新たに特設された機関である。しかして、この二大重職に当たる人としては後藤子に勝る適任者はまずないといって差支えないのである。後藤子はかつて台湾の民政長官たりし時代に、壮麗なる今の台北市を建設した人であり、また後に満鉄の総裁として、露国時代の計画を改良大成して今日の大連市を作った人である。のみならず、かつて内務大臣たりし経験もあり、後にまた東京市長として都市行政の実際に当たった経歴もある人である。

後藤子の人物

以上の幾多貴重なる経験を有する以外に、同子は、この難局に当たる人として、他に非常な特徴を持っている、彼には勇気がある。また彼には超現実な想像力がある。ゆえに彼をして権力を握らしむれば、彼にはその所信を断行する力がある。しかしながら、彼にはただ一つの弱みがある。それは彼が政党に立脚地を有せざることである。彼の恃む処は、ただ彼の過去の業績とおよび実力である。したがって彼は一般の人気を集めてはいるが、しかし現今の制限選挙制の下にできた政党の援助を持っていない。しかして彼もまた、現在政党の束縛と、宣伝と、僻見と、憎悪に捉われてその渦中に齷齪（あくせく）する者を低能児視している。このほかに今一つ彼には弱点がある。それは彼が理想を有する政治家であって、まさによりよきものを求めて進むという彼の気性である。彼は今日の学問の進歩に鑑み、爾今政治の局に当たる者は科学的調査研究の助力を乞うにあらざれば到底満足な政治はできないと確信している。また彼は普選論者である。また彼は東京全市における大地主の財産の不労増加に対し課税すべしとの意見を持っている。また彼は過激思想を懐く者に対しては、彼らを捕えて極刑に処するの愚を知り、むしろ彼らを駆ってここにいたらしめた淵源を探り、これに対し適当の策を講ぜんとするの態度を持している。また彼は日露の国交回復を以って、東洋の平和と繁栄とを復旧せしむるの第一歩であると考えている。したがって保守党分子の中には、彼を目するに不倶戴天の敵を以ってする者が甚だ多いことは当然の数〔理（ことわり）〕である。

横浜東京の二大都市の復興という大責任をその双肩に背負って立つ後藤子は要するにかくのごとき人物である。

そこで彼はその職に就くや否や、直ちに一切の焼失区域を収用してその上に新道路を作り、しかしてその残地を旧所有者に分与するの案を立てた。しかしてこの目的を遂行するべく短兵急な正面攻撃の数なきを知った彼は、長大な塹壕に拠って、持久戦によるの策に出た。九月十五日に発布された、焼失区域においては当分一時的の建築をのみ許すとの勅令が、すなわちそれである。かくして彼はその主宰する復興院に、幾多の学術技能に長ずる者を集め、以ってこの難局を脱出する手段の講究に着手したのである。参考として、ロンドンやサンフランシスコの復興事業に関する経験は各方面から仔細に研究された。復興事業に伴う財政や行政の問題も徹底的に講究された。かくしてこの研究を基礎として、新市街の計画は、八百八町の隅から隅まで、土地の状態からこれに伴う伝統まで知りぬいている人々によって立案されたのである。

後藤子の大事業

かくのごとく、一方において内務省および復興院が孜々として前古未曾有の困難な帝都復興問題の解決に急ぎつつある間に、他方、政府部内の他官省もまた、それぞれの立場からこの事業に容喙(ようかい)し始めた。冷静にして保守的銀行家たる蔵相井上準之助氏は、国内的および国際的財政状態に注意を怠らず、この見地からしてしばしば後藤子に対し余りに「贅沢な(エキストラバカント)」計画を立てぬよう注意する処があった。また同子によって何らの援助も利益も得ることのできない政党者流は各方面から激烈に同子を攻撃し、もし同子にしては膨大なる計画を引提げて議会に臨むにおいては、たちどころにその計画を粉砕し去るべしと威嚇した。しからば実業界の空気はどうであったかというに、一方において、東京以外に居住する資本家および地主は帝都の復興のために巨額の国幣を費やすを喜ばず、なるべくその経費の削減を主張するに反し、他方東京地方の資本家および地主は、ひたすら国家の補助を希い、政府の力で「平常通りのビジネス」を回復するの道を講じてもらいたいと叫んだ。

山本内閣の基礎

後藤子を閣員の一員とする山本内閣なるものは、実の処、かかる難局を切り抜けて行くにしてはその基礎が甚だ薄弱であった。最初山本伯が加藤前首相の死後を継承して、新内閣の組織に着手した時は、各政党各方面から、あらゆる有為有能の士を集めて連立内閣を組織する積りであった。しかしながら、議会に大多数を占める政友会の主脳者は、自己の希望条件を容れてくれなければとて連立内閣に加盟することを拒絶した。日本の衆議院議員の総数は四百六十四名であるが、政友会は去る一九二〇年の総選挙によって二百八十二の議席を占め得たのである。そこで、彼らは自党のみで新内閣を組織する権利があると主張したのである。この要求は英国流の代議政治論からいえば、当然の要求であるかに見える。しかし日本の政治の実情は大いに英国のそれと趣を異にする。彼らはなるほど大多数の議席は占めているものの、この多数は決して日本国民全体の多数を代表するものではないのである。一九二〇年に改正された日本の現行選挙法によると、日本の総人口五千七百万人中選挙権を有する者は三百万人に過ぎない。かかる事情であるから、けだし摂政宮殿下なり元老なりが政友会を支配する人を首相としたならば、その首相は選挙権なき大多数の国民から非常な反対を受けるにきまっている。しかしてもし反対に政党に顧慮せず、ただ国民の間に信望ある人を選んで首相としても、やはりその首相の提出する予算案は到底議会の協賛を得難い事情にある。議会の協賛なくしては国家の大事業は一つとして遂行し得ないことは無論であるが、さりとて現在のごとき議会を相手にしては、デモクラシーの精神に基いて考案された進歩的な遠大な計画は一つとしてその協賛を得難いのである。

かくのごとく、山本―後藤の連立内閣は実の処、大なる都市計画を実施するに必要欠くべからざる要素――すなわち権力を欠いていたのである。この内閣の唯一の希望は、議会を解散し、普選を断行して、その信任を全国に問うにあったのである。しかるに局面の展開は、この内閣をしてこの挙に出ずるあたわざるにいたらしめた。しかも九月より一月にいたるまで、内閣自身、その不可能たるべきを気付かなかったのである。加うるに、内閣そのものがすでに寄合世帯であって、一定の主たる目的の下に一致結合した団体ではないがために、閣員中にも異分子があり、意見の不一致があった。

議会の難関

かくして十一月中旬には、まずこれならば最善を尽くしたといっても差支えないだけの新都市計画案の骨組ができあがり、その実行に関する財政計画も各方面から慎重の研究が遂げられた。その後さらに閣議二三の修正が加えられ、十二月十二日を以って召集さるべき臨時議会に提出の準備が全く整った。しかるにいよいよ議会が開かれて、予算案が提出され、政府と各政党の首領との協議が開始さるるにおよんで、始めて、新規都市計画事業の実施のためには、ほとんど一銭の予算をも得難いことが明白になってきた。すなわち財政緊縮の必要から、議会は政府提出の帝都復興案に多大の削減を加え、ただ僅かに諸官庁の建築物の復旧と、そのほかに僅かばかりの新規計画を認めて、その費用を協賛したに過ぎなかったのである。ここにおいて、後藤子は直ちに辞表を提出したが、山本首相の切なる懇望により、辞意を翻し、依然その職に留まることになった。余一個の意見としては、この時後藤子が辞意を翻したのは誤りであったと思う。後藤子はこの時潔く挂冠すべきであったと信ずる。もちろん、辞意を思い止まるにいたった同子の心中の動機が奈辺に存したかは余はもとより窺い知り得ざる処である。これには色々の深い理由があったことと察せられる。ただ、同子の辞職が内閣の瓦解を意味し、内閣の瓦解は普選論の敗北を意味し、しかして新内閣によっては、なおさらに帝都復興の大計画が遂行される見込みの少ないこと等は恐らくは当時の同子の考慮の中にあったことと察せられる。

しかるに不幸にして、この辞職事件に次いで、突如として摂政宮殿下に対する大不敬事件が起こり、これがために内閣は遂に総辞職のやむなきにいたった。殊に警察行政の最上官庁たる内務大臣は第一にその責めを引いて辞職せざるを得なかった。その結果として清浦内閣が山本内閣に代わって国政を執ることとなり、かつて加藤内閣に内相たりし水野博士が入って再び内相の印綬を帯びたのである。したがって後藤子のやりかけた復興事業を継承した水野博士は決して都市問題に無経験な人ではないのである。一九二〇年に実施された都市計画法なるものも当時の内相水野博士の命令の下にでき上がった法律なのである。これによって見れば恐らく水野博士は今後帝都の新計画および復旧の事業を、同法によって創設された機関によって遂行して行くのではあるまいかと考えられる。

しかしながら、水野博士の属する清浦内閣にも多くの弱点がある。この内閣は多数党たる政友会の後援がないばかりでなく、後藤子の背後に存するがごとき一般的の人気も持っていない。この内閣の普選に対する態度は、仮にこれを実行するにしてもやむを得ず厭々やるという態度である。またこの内閣は局面を打破し国民の先頭に立って時局を指導して行くだけの力がない。また復興事業のために思い切った金を使う勇気もない。要するに東京市がまた元の木阿弥の旧東京市に帰り、再び来たるべき大震災の犠牲となるのを防ぐには最も急進的な断乎たる政策をとることが絶対的の必要である今日において、この内閣はそれと正反対な最も保守的な内閣である。

断ずべきは今日にあり

かくのごとく、永遠の経済を稽え、百年の安全を期する合理的の都市計画を実行することは、甚だ複雑した政治上の困難を伴うのである。現在の日本の状態を英国の例にとって見れば、あたかも一六六六年のロンドンの大火が一八三二年の議会改造法案問題が白熱度に達した頃に突発したようなものである。何らの確乎たる決断をなし得ずしてその日その日を送って行く間に都市復興の事業は一日一日と困難になって行くのである。現に焼跡はあたかも雨後の筍のごとく、毎週一万ないし一万五千の家が建ちつつあるのである。もし今日の勢いを以って進めば、本年九月一日までには、略昨年の震災当時と同様の家が建ってしまう勘定である。しかして一度、仮の木造バラックで商売を始めた市民は新道路や新公園建設のためにせっかくその緒についた商売を再びやめてその仮小屋を取壊すことを肯んじないのは火を見るよりも明らかである。

果たして、ロンドンおよびサンフランシスコ、しかしてまた今度の東京がその都市復興に際して嘗めた苦き経験は、近代的理想都市の計画の実行はただ専制者の下においてのみ可能なることを吾人に教うるものであろうか。ここにいう理想都市とは必ずしも士一升金一升の都会の中央に高価な中央広場を設けるとか、あるいはハウスマンやバーンハムがパリやシカゴに作ったような贅沢な大広路を開設せよとの意味ではない。運輸、住宅、鉄道の終点停車場、市場、工場地帯、道路計画、公園、公共建築、国民精神を代表する記念建造物等百般の方面にわたり考察を遂げられた、最広義の都市計画という意味である。

専制による都市建設、民主制による都市建設

ハウスマンがパリの建設に当たり自由にその手腕が揮えたのは、彼の背後にナポレオン三世があったためである。表面はとにかく、事実において、ナポレオン三世は善玉的ディクテーターであって、彼は現代および後世の市民にいかなる市債を負わせようとそんなことは眼中になかったのである。彼はそのブルボン家代々の主義たる「跡は野となれ山となれ」主義でただ現在のパリを飾ることにのみ焦慮したのである。しかして今日となって見れば、全世界を挙げて彼の専制の下にでき上がったパリの都市を賛美しているのである。しかしながら、今日の時代は到底かかる専制を許さぬのはいうまでもない。思うに、現代の吾人は二つの世界の中間に住んでいる。ディクテーターがその絶大な権力に任せて一夜にして荒野廃墟の上に大都市を出現すべく命じ得た時代はすでに過ぎ去ったが、しかも一方、デモクラシーは未だその完璧に達せず、これによって大事を成すまでに純化成熟していないのである。

もちろん、今日といえどもデモクラシーは次第に進化しつつある傾向はある。しかしながら、大体において上述の余の観測に誤りはないと信ずる。ニューヨーク市のマンハッタンにおいて過去半世紀の間に鉄道貨物停車場の設備改良事業が遅々として進捗しないのはなぜであるか。また米国の大都市の市民がこの米国の天恵的富源を擁しつつ、なお住宅その他について愉快なる生活を営み得ないのはなぜであるか、いうまでもなく未だデモクラシーの思想が真にわれわれの心の中に徹底しておらぬためである。

社会的な力と経済的な力との結合

合理的の都市計画を実行するに必要なる社会的の力と経済的の力とを結合せしむるということは非常な大事業である。元来都市計画の実行に際しては、技術的方面の困難は比較的僅少である。何となれば、技術的の科学は社会科学に比し、千年も進んでいるからである。要するに問題は、一般市民が何事にも発言の機を有する今の時代において、果たしてよく、各方面の力を一致せしめ、その力によって、強力な近視的の個人的利害と、政治目的の愚論とに打勝って、合理的都市計画を実行し得るや否やに存する。

以上述べた処は決して日本国民そのものの価値を云々するものではない。英国民もまたかつてロンドン大火によって与えられたまたなき好機を逸し去ったのである。しかしそのために英国民の大国民たる地位には何らの動揺も来たさなかった。また余の述べた処は、今回東京で大都市計画が一挙にしてその目的を達しなかったからといって、日本の都市の発達が終焉を告げたという意味ではもちろんない。否、今回の大震災によって今後の東京は、幾多の点において非常によくなるのである。すなわち新法律によって、一切の狭隘な道路はその跡を絶ち九フィート以下の道路は全くなくなるはずである。また商業地帯におけるある道路は取り拡げられ、新公園敷地も取っておくことになっているのである。

否、単にそれのみに止まらない。すでに震災以前よりその端を発した、全国にわたる都市行政に関する国民の覚醒運動はのちますますその勢いを増すであろう。優秀な新人が次第に都市行政方面に入って来るであろう。また有能にしてしかも不撓な幾多の男女が今後ますます各方面から都市行政に関するよりよき方法を研究するにいたるであろう。最近外電の報ずる処によれば、東京の市政調査会は近く「市政評論」を発刊するとのことである。勇敢なる新日本の戦士は、今回の正面攻撃によって一挙敵城を抜くことの不可能を悟り、今後は塹壕に拠って持久戦に移り、一日にして成らざりし大事業を、徐々にしかも完全に大成するの態度に出ずることと信ずる。

（一九二四（大正十三）年四月発行　米国雑誌『アワー・ウオールド』所載）

［解題］本書に収録した資料および参考資料について

一　本書に収録した資料について

（一）後藤新平「帝都復興の議」

後藤新平が震災直後の一九二三年九月六日に山本内閣の閣議に提出した資料である。財団法人東京市政調査会・市政専門図書館所蔵の資料の表紙には、中央に「帝都復興ノ議」、右肩に「大正十二年九月四日起案同九月六日午前閣議ニ供覧」、左下に「後藤内務大臣提案」とある。鶴見祐輔『後藤新平』第四巻（勁草書房、一九六七年、復刻版）及びこれを基にした『〈決定版〉正伝　後藤新平　8　「政治の倫理化」時代　一九二三―二九』（藤原書店、二〇〇六年）（以下、『正伝　後藤新平　8』とする）に収録されている同名の文書とは、厳密に照合すると若干の異同がある。例えば、冒頭の部分で、閣議資料には「東京ハ帝国ノ首都」とあるのに対して、伝記では「東京ハ帝国ノ首府」となっている。また、復興局が編集刊行した『帝都復興院事務経過』（大正十三年）（九頁）に収録されている資料も「首都」となっている。本書収録にあたっては市政専門図書館所蔵資料を底本とした。

（二）「帝都復興の詔書」

大正十二年九月一二日、摂政宮（後の昭和天皇）名で発せられた詔書。『帝都復興院事務経過』には「大詔ハ煥発セラレ」とあり、表題は単に「詔書」となっている。山本権兵衛首相の依頼により伊東巳代治枢密顧問官がこの詔書を起草した、という両人の回想が『帝都復興秘録』（東京市政調査会編、宝文館、昭和五年）に記載されている（同書、一一頁及び二一頁）。『正伝　後藤新平　8』から再録した。

（三）後藤新平「大乗政治論」

『正伝　後藤新平　8』（三三八頁）によれば、大正十二年一〇月三日に後藤が内相官邸において速記者に口述したものに加筆して作成したものである。後藤の政治信念、政党観などを知る上で重要な資料である。『正伝　後藤新平　8』では、この文書が数箇所に分散されているので、本書では読者の便宜を考慮し、これを一括して収録することにした。

（四）後藤新平「内相進退伺いの状」

大正十一年一一月の日付を持つこの文書は、後藤新平文書マイクロフィルム版（R五六―二一―七）に収録されている（原資料は後藤新平記念館所蔵）。内容としては後藤内相の摂政宮への進退伺いである。『後藤新平文書目録』（後藤新平記念館、昭和五十五年）は文書の表題を「闕下に奉呈せんとしたる待罪書」としている（ただし、同目録は「閣下」と誤植している）。この文書の次に、司法大臣平沼騏一郎の大正十二年一二月三日付けの「待罪書」があるが、両者の関係は分らない。なお、この文書は、『現代史資料 6 関東大震災と朝鮮人』（みすず書房、昭和三十八年）の資料解説「一九 政府による事件調査」に収録されている。

（五）後藤新平「三百万市民に告ぐ——山本内閣入閣の情由と復興計画に対する所信」

山本内閣に入閣してから、虎ノ門事件で総辞職するまでの、震災復興計画の経過に関する後藤新平の総括的な記録である。冒頭に「思うに近年のわが国における政変の跡を検証すると、いろいろ不可解の感を禁じえないものがある」と書いているように、この文書には、山本内閣四カ月間の震災復興計画の記録を残して検証するという、後藤の意図が込められている。これも伝記の中ではかなり分散しているので、読者の便宜のために『正伝 後藤新平 8』からこれを一括して収録することにした。「後藤新平伯関係文書目録」（後藤新平伯関係文書処理委員会、昭和十四年一一月）一三九頁に記載されている「三百万市民に告ぐ 山本内閣入閣の情由と復興計画に対する所信」には、「（原稿三通、総裁辞職後起案）」とあり、またその内容から、この文書は山本内閣総辞職（大正十二年一二月三〇日）から、清浦内閣成立（大正十三年一月七日）までの間に後藤によって書かれたものと推定される。なお、後藤新平文書マイクロフィルム版には、この文書は収録されていない。

（六）佐野利器「後藤伯と帝都復興」

昭和四年四月に後藤新平が死去してまもなく、東京市政調査会は『都市問題』八巻六号（昭和四年六月）を「後藤伯爵追悼号」の特集号とした。これには、東京市政調査会会長の阪谷芳郎「後藤伯爵の薨去を悼む」

から、水野錬太郎、新渡戸稲造、岡実、池田宏、前田多門、松木幹一郎、佐野利器、鶴見祐輔、長尾半平らの文章が掲載されている。都市問題を中心に、これと関係する後藤の多方面にわたる事績が紹介されていて貴重な資料となっている。佐野利器の文章は、帝都復興事業における後藤の姿をよく映している。

(七) 鶴見祐輔「後藤伯とビーアド博士」

この鶴見祐輔の文章は、(六) の佐野利器の文章と同様に、『都市問題』八巻六号、昭和四年六月、後藤伯爵追悼号に掲載されたものである。

(八)「後藤伯追憶座談会」(抄録)

この座談会は、昭和四年五月一〇日、「後藤伯四七日の日」に日本倶楽部で行われた。出席者は、堀切善次郎、永田秀次郎、内田嘉吉、阪谷芳郎ら一一名である。これも『都市問題』八巻六号、昭和四年六月、後藤伯爵追悼号に掲載された。本書では、このうち都市計画と帝都復興に関連する内田嘉吉、堀切善次郎の発言を抄録した。

(九) 水野錬太郎「東京市民の大恩人後藤伯を偲ぶ」

昭和五年四月一〇日、日比谷公会堂において、一周忌を記念して後藤伯市民追悼式が開催された。東京市政調査会はじめ後藤が生前関係した一七の団体・機関の共催による式で、池田宏が司会を務め、堀切東京市長、ドイツ代理大使、ソ連大使等の献花が行われた。当日、行われた講演が、井上準之助「帝都復興の殊勲者後藤伯を憶ふ」と、本書に収録した水野の「東京市民の大恩人後藤伯を偲ぶ」である。『都市問題』一〇巻五号、昭和五年五月掲載。

(一〇)チャールズ・A・ビーアド「都市は市民がつくるもの」

チャールズ・A・ビーアドが一九二二年に来日した時の講演記録である。講演の正確な日時と場所は分らない。"Build Your Own Town"と題されたこの講演は、録音されビーアドに送られた。この録音資料はディポー(DePauw)大学で所蔵されていたが、最近ビーアド研究グループ(代表・開米潤)が入手し、丸茂恭子氏が翻訳した。開米氏らのご好意により本書に掲載させていただいた。

(一一)チャールズ・A・ビーアド「後藤子爵と東京の復興」

ビーアド夫妻は一九二三年一一月一五日、後藤新平らに見送られて東京駅を立ち、帰国の途についた。そののち、ビーアドが"Our World"一九二四年四月号に寄せたのがこの文章である。原題は"Viscount Goto and the Rebuilding of Tokyo"で、元の翻訳は岩永事務所による。ビーアドにはこのほか「日本の復興」("The American Review of Reviews"一九二三年一〇月)というかなり長文の復興論がある。

二　本書の参考資料について

後藤新平に関する文献・資料は夥しい量に上るが、そのこと自体が後藤の「全仕事」の持つ大きな特徴、すなわち「後世に歴史的記録を残す」という後藤の姿勢と密接な関係があるのである。

第一に挙げるべきは、鶴見祐輔『後藤新平』である。この伝記の編纂は、後藤が死去した翌年の一九三〇(昭和五)年一二月の後藤新平伯伝記編纂会準備会から始まり、伝記編纂会の設立、事業資金の調達、関係資料の収集と整理を経て、鶴見祐輔による編集・執筆、一九三八年七月の全四冊の伝記刊行にいたるまで、実に八年余の歳月をかけた一大プロジェクトであった。また、伝記編纂のために収集された関係文書には、後藤自身が保管していた膨大な文書・書簡・草稿等が含まれているが、これらも整理されて「後藤新平伯関係文書目録」が作成された。これらの文書はのちに財団法人・東京市政調査会を経て、岩手県水沢(現・奥州市)の後藤新平記念館の所蔵となり、マイクロフィルム化され、近代日本の研究史料として貴重なものとなっている。

文章の再録にあたっては現代の一般読者の便宜を考慮し、鶴見祐輔著・一海知義校訂『〈決定版〉正伝 後藤新平』(藤原書店)の各巻を参照した。

第二は、「回想のなかの後藤新平」ともいうべき、震災復興事業のプロセスで後藤の周辺にいた人々の「証言」である。これらには、後藤の死の直後の一九二九(昭和四)年に出版された『吾等の知れる後藤新平伯』(三井邦太郎編、東洋協会)、東京市政調査会の雑誌『都市問題』八巻六号(昭和四年六月)の「後藤伯爵追悼号」、同じく一〇巻四号(昭和五年四月)の「帝都復興記念号」などがあるが、なかでも重要なのが『帝都復興秘録』である。

帝都復興事業が完成した一九三〇(昭和五)年、東京市政調査会は「都市計画史に永く記念せらるべき帝都復興事業には、その真髄を伝ふる inner history がなくてはならぬ。」として、この事業の計画、執行にあたった関係者五〇名余による座談会を企画した。東京市政調査会編『帝都復興秘録』(宝文館、一九三〇年三月）はこの座談会の記録であり、今で言う「オーラル・ヒストリー」として貴重なものである。主催者側として東京市政調査会会長・阪谷芳郎は「斯の如き大困難を突破して参りました道連れ同志のお話と云うものは、又格別でありまして其の事に当った人の話の御直話はいうまでもなく非常に趣味があり、且つ又歴史的の価値があるのであります。」と述べている。

第三に、これら同時代の人々の一人でありながら、独特の位置を占めているのが、米国の歴史家、政治学者で、後藤の協力者であったチャールズ・A・ビーアドの関係文献である。ビーアドは後藤の間近にいた国際的な立場の観察者であり、その論評は「アメリカ」あるいは「世界」が見た後藤の事績への評価ともいえる。

第四として、「後世の史家」すなわち都市計画史、政治史などの分野の研究者による「後藤新平研究」にも目配りしたが、本書の性格上専門的な論証には立ち入っていない。

そして、第五として最後に、後藤自身による状況分析と政策表明に関する文献を挙げたい。これは鶴見による伝記『後藤新平』に収録されている「三百万市民ニ告グ　山本内閣入閣ノ情由ト復興計画ニ対スル所信」及び「復興事業ノ成敗ニ関シテ東京市民ニ告白ス」が代表的なものである。この文書の表題に「市民ニ告グ」あるいは「東京市民ニ告白ス」とあるように、これらは後藤新平による「市民へのアピール・弁明」を目的として書かれたものである。

なお、関東大震災と帝都復興に関する文献は夥しい分量に上るので、個々の文献についてはここでは触れないが、東京市政調査会市政専門図書館編『関東大震災に関する文献目録』（図書編、雑誌編、雑誌「都市問題」掲載論文編の三部作）は有用な書誌ツールであり、同調査会のホームページからも検索できるので、ここで紹介しておきたい。

（春山明哲）

図版出典・所蔵元

12 頁「後藤新平」東京市政調査会市政専門図書館所蔵。
18 頁「内田康哉」外務省外交史料館提供，国立公文書館　アジア歴史資料センターウェブサイト。
22 頁「摂政宮・昭和天皇」The United States Library of Congress's Prints and Photographs division under the digital ID cph.3a40859。
24 頁「和田英作」『和田英作展』静岡県立美術館・鹿児島市立美術館編，美術館連絡協議会・読売新聞社発行，1998 年。
45 頁「池田宏」東京市政調査会所蔵。
47 頁「復興行政機関組織図」日本統計普及会編『帝都復興事業大観』日本統計普及会，1930 年。
50 頁「内田祥三」『建築雑誌』第 33 輯第 390 號，1919 年。
51 頁「安田善次郎」東京市政調査会所蔵。
52 頁「佐野利器」佐野博士追想録編集委員会編集・刊行『佐野博士追想録』1957 年。
53 頁「太田圓三」中井祐『近代日本の橋梁デザイン思想』東京大学出版会，2005 年。
55 頁「復興節」『添田唖蝉坊・知道著作集別巻　流行歌明治大正史』刀水書房，1982 年。JASRAC 出 1108564-101。
58-9 頁「帝都復興計画甲案・乙案」都市計画協会『新都市』平成 19 年 7 月号，2007 年。都市計画協会所蔵。
63 頁「牧彦七」『土木学会誌』1983 年 8 月号。
65 頁「渋沢栄一」国立国会図書館ウェブサイト「近代日本人の肖像」。
66 頁「星野錫」青淵先生七十寿祝賀会『青淵渋沢先生七十寿祝賀会記念帖』1911 年。
67 頁「山田博愛」『土木学会誌』1983 年 8 月号。
74 頁「笠原敏郎」日本大学理工学部科学技術史料センターウェブサイト。
76 頁「平山復二郎」土木学会ウェブサイト。
83 頁「横浜の廃墟に立つビーアド博士とメアリー夫人」東京市政調査会編・刊行『チャールズ・A・ビーアド』1958 年，『週刊写真報知』第 1 巻第 2 号。
89 頁「伊東巳代治」国立国会図書館ウェブサイト「近代日本人の肖像」。
93 頁「帝都復興座談会の第一夜」東京市政調査会編『帝都復興秘録』宝文館，1930 年。
95 頁「平田東助」国立国会図書館ウェブサイト「近代日本人の肖像」。
95 頁「三浦観樹」National Diet Library Archives。
122 頁「ウィリアム・K・バルトン」『岡山市水道誌』岡山市水道局，1965 年。
126 頁「永田秀次郎」東京市政調査会所蔵。

■［特別附録］後藤新平を中心にした関東大震災の復興プロセス

大震災前夜

- **台湾時代（1898〜1906）**——台北市などの都市建設、調査機関設立
- **満鉄時代（1906〜1908）**——満鉄調査部を設立し、満洲の原野に都市計画等
- 大正6年（1917）10月　**都市研究会発足**→月刊誌『都市公論』
  会長　後藤新平（寺内内閣内相兼鉄道院総裁）
  メンバー　池田宏、佐野利器、山田博愛、内田祥三、阪谷芳郎、内田嘉吉、内野仙一、吉村哲三、藤原俊雄、近藤虎五郎、桐島像一、堀田貢、佐竹三吾、渡辺銕蔵、関一、片岡安　ほか
- 大7（1918）5月　内務省大臣官房に都市計画課設置
  都市計画調査会官制公布
- 大8（1919）4月5日　**都市計画法・市街地建築物法公布**
  （池田宏、佐野利器等の立案による）
- 大9（1920）12月　後藤新平、東京市長となる
  助役に池田宏、永田秀次郎、前田多門
- 大10（1921）4月　東京市長後藤新平、「**東京市政要綱**」（**8億円計画**）発表
- 大11（1922）2月24日　東京市政調査会設立認可

普及活動

大12（1923）8月24日	加藤友三郎首相死去
8月28日	山本権兵衛に首相の大命下る
大12（1923）9月1日	**午前11時58分44秒　関東大震災**（本書16頁） **（死者・行方不明　10万5000余、住宅被害　37万2700余棟）**
	臨時内閣（8月25日～9月2日） 首相　内田康哉（外務）　内相　水野錬太郎 蔵相　市来乙彦 → 臨時震災救護事務局特設　総裁　内田臨時首相
9月2日 午前	徴発令発布 戒厳令発布 980万円臨時支出 → 軍隊出動・民間では自警団組織さる
9月2日 午後4時	**第二次山本権兵衛内閣成立**（24頁） 総理　山本権兵衛 内務　後藤新平 外務　（兼）山本権兵衛（9.19～伊集院彦吉） 大蔵　井上準之助　　陸軍　田中義一 海軍　財部彪　　逓信　犬養毅 文部　（兼）犬養毅（9.6～岡野敬次郎） 農商務　田健治郎（12.24～（兼）岡野敬次郎） 司法　（兼）田健治郎（9.6～平沼騏一郎） 鉄道　山之内一次 **帝都復興根本策**（28頁） 1. 遷都せず 2. 復興費30億円 3. 欧米最新都市計画採用 4. 地主に断固たる態度 ▶9.2夜、構想 →9.4までに骨組ができ、「帝都復興の議」となる → 後藤の復興基礎案 山本内閣の最初の1カ月は罹災民救護と治安維持が中心となる

緊急措置

罹災者救護・治安維持・各種緊急法令発布

後藤の経験が活きる

都市計画法等と八億円計画が復興計画のベースとなる

人材供給と広報活動による復興支援

罹災者救護・治安維持・各種緊急法令発布

大12（1923）9月3日	皇室から1000万円の御賑恤の御沙汰（34頁） 山本首相、遷都論による民心動揺を防ぐため大詔の草案を伊東巳代治に依頼
9月4、5日	亀戸事件（社会主義者の摘発）起こる 内閣、告諭を発す（4日　罹災者救護と応急措置／5日　朝鮮人迫害で民衆に自重を求める）
9月5日	後藤内相、米国ビーアド博士に招電（77頁）
9月6日	後藤内相が、閣議に **帝都復興の議** を提出（30頁） **臨時帝都復興調査会**の設立案 目的 (1) 復興のための独立の一機関を設ける→採用 帝都復興計画調査会を諮問機関とする (2) 経費は国で支弁→採用 (3) 焼土全部買上げ、土地の整理→留保 **後藤は「復興省設立ノ議」を出す**（33頁）
9月7日～8日	治安維持のため罰則の件・支払猶予令・暴利取締令・物質供給令（農商務省のち復興院に移す）を発す。東京実業組合連合会（星野錫ら）が動き出す
9月7日～22日	内務省都市計画局で帝都復興案が作られる（山田博愛ら） 広義復興費　約41億円 → 30～35億円（各省の事業に分配）／10～15億円（東京・横浜の都市計画）狭義の復興費
9月12日	**帝都復興の詔書　発せられる**（復興の原点）（34頁）
9月15日	摂政宮の焼跡巡視に、後藤内相ら随行す（35頁）
9月16日	内閣、告諭を発す（号外を発す　帝都復興の詔書を受けて内閣の方針を示す） 大杉栄・伊藤野枝ら殺害される

後藤の復興基礎案

都市計画法等と八億円計画が復興計画のベースとなる

人材供給と広報活動による復興支援

人材・復興案等全て復興院に移される

形を変えて実現

復興のために各種組織の立ち上げ

罹災者救護・治安維持・各種緊急法令発布

9月19日	**帝都復興審議会**（内閣の諮問機関）官制（勅令418号）（42頁） 総裁　山本権兵衛首相、幹事長　後藤新平内相 委員　各閣僚、高橋是清（政友会総裁）、加藤高明（憲政会総裁）、市来乙彦（日銀総裁）、伊東巳代治、青木信光、江木千之、和田豊治、大石正巳、渋沢栄一
9月21日	第1回帝都復興審議会開かる 物資供給諮問案可決（42頁）
9月23日	**帝都復興院**（復興に関する執行機関）案に決着（43頁） 後藤内相は復興省案を提唱、各省は復興院案を出し、閣議で論争の結果、後藤の案を骨子とする復興院に決着 **帝都復興院評議会**（復興院総裁の諮問機関）設立 →人選は10月18日に決定、第1回評議会は11月15日 暴行自警団検挙開始

（この間、復興院職員の人選 ←人材供給 東京市政調査会 鉄道院）

9月27日	**帝都復興院** 官制公布（勅令425号）、10月6日追加発令（43頁） 総裁（9. 29兼）　後藤新平内相 副総裁　宮尾舜治、松木幹一郎 技監　直木倫太郎 官房長　金井清 計画局長　池田宏 土地整理局長　稲葉健之助（10月6日付） 建築局長　佐野利器 物資供給局長　松木幹一郎 土木局長　太田圓三（10月6日付） 経理局長（心得）　十河信二 勅任技師　山田博愛、岸一太 震災手形割引損失補償令公布

人材供給

復興のために各種組織の立ち上げ

復興計画の確立過程

大12（1923） 10月3日	復興院職員一同、内相官邸に集合 →決定事項 （1）前臨時内閣の臨時震災救護事務局の事務を復興院に移す （2）**復興計画を作る** （3）焼跡の塵芥整理 後藤内相、「**大乗政治論**」を書く（99頁）
10月6日～	ビーアド博士夫妻来日。ビーアド、東京市政調査会顧問となる（11月15日帰国）（78頁）
10月18日	復興院における東京・横浜復興計画が甲案（13億円案）、乙案（10億円案）にしぼられる。また復興院の参与、復興院評議員の任命が行われる。 参与会 関係各省次官、宇佐美勝夫東京府知事、永田秀次郎東京市長 ほか 復興院評議会 阪谷芳郎会長、鳩山一郎、長岡外史、藤山雷太、大橋新太郎 ほか
10月24日	「帝都復興事業の規模、所要経費の概算並びに事業の施設方針に関する件」（70頁） →閣議は大体了解
10月30日	ビーアド博士、「東京復興に関する意見」を後藤に提出（78-9頁）
11月1日	第1回復興院参与会に甲・乙二案が出される（72頁） →3小委員会（街路・公園・市場・区画整理／港湾・運河／横浜）に分かれる
11月3日	ビーアド博士より後藤へ書翰（84頁）
11月9日	第2回復興院参与会→復興院案はおおむね認められる。甲・乙の予算案については、10億円を基礎案とする

復興院での復興計画策定

都市計画法等と8億円計画をベースにする

相互に影響

甲乙案

甲乙案への影響

復興計画の流れ

人材供給と広報活動による復興支援

復興計画の確立過程

11月10日	国民精神作興の詔書
11月15日	第1回復興院評議会開かる（73頁） →3部の特別委員会（参与会の場合と同じ）に付託
11月17日	**大蔵省独自の復興予算案7億200万円がまとまる**
11月21日	第2回復興院評議会開かる →3部の特別委員会の審議の結果、建議7件が提出され、それについて第4、第5の特別委員会が設けられる 大橋新太郎（地主）の区画整理賛成論が出される
11月24日	**第2回復興審議会開かる**（議長　山本首相）（88頁） 政府側の復興計画案「予算7億300万円」が議案として出される →伊東巳代治、高橋是清、加藤高明らの反対論で復興計画案縮小へ 伊東は、所有権の神聖、土地買収は実価で現金払い、火災保険問題、上下水道完備、道路は旧道路網と主張、高橋はロンドンの道路の狭さを例に挙げて伊東に同調、加藤は、討議を打切って論議を議会に移せと主張、渋沢栄一は、調停論を述べる→復興計画縮小へ →10名の特別委員会を設け、検討することとなる 特別委員会メンバー 委員長　伊東巳代治 委　員　（閣外）高橋是清、加藤高明、江木千之、青木信光、渋沢栄一 　　　　（閣内）後藤新平、井上準之助、岡野敬次郎、田健治郎、犬養毅
11月25～26日	審議会特別委員会開かる（94頁） →協定案を作成

大きな制限

復興計画案縮小への流れ

都市計画法等と八億円計画が復興計画のベースとなる

復興計画の確立過程

大12（1923）11月27日	**第3回復興審議会開かる**（首相官邸）（94頁） 伊東委員長より協定案の報告 （主な内容） （1）二幹線道路のみ幅員18間ないし20間で認め、他は旧道路の復旧とする （2）市街宅地の整理は、東京・横浜の自治体に一任 （3）帝都復興法の制定については保留（復興院の存続と関連） 後藤内相は、復興計画法案と共に普選法案を臨時議会に上程しようと考えたが、後者は臨時議会に適せずと断念
12月6日	第3回復興院評議会→第4、第5特別委員会報告と審議
12月11日	**臨時議会開かる（第47帝国議会）**（102頁） 政府側は次の四議題を提出 （1）帝都復興予算案5億7500万円弱（この内、東京・横浜の復興費は4億4800万円） （2）帝都復興計画法案（土地区画整理が中心） （3）臨時物資供給令 （4）臨時物資特別会計令
12月19日	**政友会の修正案出る**（衆議院予算委員会）（103頁） （1）土地整理費大削減→3566万円余 （2）街路費の削減→7070万円余 （(1)(2)で）合計1億600万円の削減 （3）**復興院事務費（70万円）の全額削除**
12月20日～24日	政府は政友会修正案を受け入れ、**最終的な復興計画（予算4億6800万円余）が成立**。さらに「**帝都復興計画法**」という名称が「**特別都市計画法**」と修正されて衆議院を通過、貴族院に回議され、若干の修正を受けて通過し、24日に公布（123頁）

復興計画案縮小への流れ

都市計画法等と八億円計画が復興計画のベースとなる

人材供給と広報活動による復興支援

12月27日	**虎ノ門事件**(摂政宮、狙撃されるが無事)→第48回通常議会衆議院開院式(123頁)
12月29日	**山本内閣引責総辞職**(123頁)
大13(1924) 1月7日	清浦奎吾内閣成立(123頁) 後藤新平は内相・復興院総裁を免ぜられ、内相兼総裁は水野錬太郎が引継ぐ **後藤は下野後、都市研究会や東京市政調査会などを通じて復興を支援する**
1月31日	衆議院解散
2月1日	特別都市計画委員会　官制(勅令14号)
2月23日	帝都復興院官制廃止　(123頁) 帝都復興審議会官制廃止 **復興局**(内務省外局)官制公布、即日施行 復興局長官兼技監　直木倫太郎 整理部長　稲葉健之助 土木部長　太田圓三 経理部長　十河信二 建築部長　笠原敏郎
3月15日	特別都市計画法施行令公布(勅令49号) **→以後、復興局、東京市、横浜市が分担連携して復興事業を行う**
3月	復興院理事を廃職となった佐野利器は、東京市長永田秀次郎に乞われて東京市建築局長となる

具体的復興実施

都市計画法・
市街地建築物法

具体的復興実施

大13（1924）5月2日	第15回総選挙
5月	後藤新平、『都市公論』に論文「**復興の過去、現在および将来**」（※）を寄稿
6月7日	清浦奎吾内閣総辞職
6月11日	加藤高明内閣成立
6月25日	**第49回特別議会召集** →1億500万円の復興費追加予算通過
7月	後藤新平、『区画整理と建築』（東京市役所）に論文「**帝都復興とは何ぞや**」（※）を寄稿
8月20日	内務省復興局に疑獄事件 十河信二が疑われ後藤新平が擁護、のち無罪
大14（1925）3月	都市研究会主催第二回都市計画講習会で、後藤が「**都市計画と地方自治という曼陀羅**」（※）と題して講演

帝都復興連合協議会を組織、四月以降、東京市各区で約20回にのぼる区画整理講演会を開催
復興建築助成会社を設立

土地区画整理中心に

人材供給と広報活動による復興支援

広報活動

各地区で区画整理が完成すると、その祝賀会には必ず後藤新平が招かれ、祝辞を述べた。

また後藤は折に触れ、復興局を訪れ、進捗状況を確めていた。
→後藤新平は復興事業の精神的支柱であった

具体的復興実施

昭和4年（1929）4月13日	**後藤新平死去**、享年71
昭5（1930）3月	**帝都復興事業完成**（総費用 8億2300万円余）

（※）いずれも『都市デザイン』（藤原書店刊、2010年）に収録。

あとがき

東日本大震災が起きて、早や四カ月の月日が流れた。この間現在の日本を動かすリーダーたちはどういうビジョンをもって今回の大震災の復旧に当たったのだろう。関東大震災の時、後藤新平は「復旧」ではなく「復興」を唱えた。これは焦土と化した帝都は、「復興」しかないという後藤の信念であり、ビジョンだったのだ。今日の首都・東京は、この時の後藤の復興計画――かなり大幅に予算が削減されたとはいえ――の姿をとどめている。皇居を中心とした環状道路、隅田川のそばの数々の公園等々。後藤の復興計画の核心は、後世に生きる人々の生活を抜きにしてなかった。まさに「百年先のビジョン」である。小社は「後藤新平の全仕事」と銘打ち、二〇〇四年秋以来、後藤新平の『正伝』をはじめ数々の本を出版してきている。今回も後藤新平研究会（座長＝藤原良雄、市川元夫、鈴木一策、西宮紘、能澤壽彦、春山明哲）の人々を軸にして討論を重ねた末、緊急に出版したものである。

本書第一部は、研究会での議論を元に春山明哲が草案を書き、それを叩き台にして徹底議論し、研究会が最終稿を作成したものである。また、「復興プロセス」は、西宮紘が作成した第一次原稿を検討し、研究会が肉付け完成させたものである。本書で読者は、震災後の後藤新平がどのような困難の中で復興をやり遂げていったかの概要を知っていただけるものと確信する。読者諸賢のご批判、ご叱正を仰ぎたいと思う。

なお、本文・資料とも表記は現代仮名遣い、常用漢字体に改めるとともに、文章の一部を現代に読み易いよう改めた。原文にない改行やルビ、読点を付加し、小見出しを加えた。理解が難しい事項には、編集部による注を施し、★、あるいは（1）（2）……で示した。編集部の補注は〔　〕で示し、原文の（　）はそのままとした。論旨と関係のないと思われる箇所は省略した。

藤原書店店主　藤原良雄

や　行

ら　行

わ　行

さ 行

た 行

な 行

は 行

ま 行

人名索引

あ 行

か 行

震災復興(しんさいふっこう) 後藤新平(ごとうしんぺい)の120日(にち)——都市(とし)は市民(しみん)がつくるもの

2011年7月30日　初版第1刷発行 ©

編著者　後藤新平研究会

発行者　藤原良雄

発行所　株式会社 藤原書店

〒162-0041　東京都新宿区早稲田鶴巻町523
電話　03（5272）0301
FAX　03（5272）0450
振替　00160-4-17013
info@fujiwara-shoten.co.jp

印刷・製本　中央精版印刷

落丁本・乱丁本はお取替えいたします
定価はカバーに表示してあります

Printed in Japan
ISBN978-4-89434-811-0